Invitation Essentials

CAHIER D'EXERCICES ET DE LABORATOIRE

Gilbert A. Jarvis
The Ohio State University

Thérèse M. Bonin
The Ohio State University

Diane W. Birckbichler
The Ohio State University

Melissa M. Gruzs

Harcourt Brace Jovanovich College Publishers
Fort Worth Philadelphia San Diego
New York Orlando Austin San Antonio
Toronto Montreal London Sydney Tokyo

Printed in the United States of America.

ISBN: 0-03-005753-1

2 3 4 5 095 9 8 7 6 5 4 3

Harcourt Brace Jovanovich, Inc.
The Dryden Press
Saunders College Publishing

Preface

Invitation Essentials Cahier d'exercices et de laboratoire is both a workbook and a guide to the laboratory tape recordings that accompany *Invitation Essentials.* Each chapter is divided into two parts, a *Partie écrite* and a *Partie orale.* The *Partie écrite*—the workbook portion—is designed to improve the student's ability to read and write in French. The *Partie orale*—the lab manual portion—provides opportunities for out-of-class practice in oral and listening skills. Both parts will enhance the student's understanding of the cultures of the French-speaking world.

Partie écrite

Each *Partie écrite* begins with an activity that focuses on the vocabulary presented in the *Mise en train* section of the text. Exercises that correspond to the grammar presentations within each chapter follow, and the *Partie écrite* concludes with an *Intégration et perspectives* section in which the activities integrate concepts treated in the chapter as a whole.

For each grammar topic, a series of activities is provided, ranging from structured exercises to freer communication activities. The exercises provide supplementary practice of the new language structure; the more open-ended activities encourage students to use the new structure in personalized situations. All exercises and activities are situated in a real-life context that relates to the chapter theme. Thus, the students are obliged to pay attention to meaning as they manipulate a language structure.

The *Intégration et perspectives* activities include longer and more creative written assignments that allow students to explore further the theme of the chapter while using its new grammar structures and vocabulary. Many of the activities in *Intégration et perspectives* have cultural implications. Some are based on realia; others ask students to discuss or compare aspects of American and Francophone cultures.

The *Parties écrites* can be used in a variety of ways, depending on course goals and the needs of a class or of individual students. Workbook assignments can be made on a daily or weekly basis or for end-of-chapter review. They can also be assigned individually to students who require supplementary work with a particular grammar topic. An answer key containing answers to structured activities is included in the tapescript.

Partie orale

For each chapter of the text, the tape recording begins with a listening-comprehension activity based on the vocabulary presented in the chapter's *Mise en train* section.

Practice with grammar structures follows; the structures and readings of the *Situations* are taken up in the same sequence as in the student workbook. For each structure, students are first asked to complete several oral exercises, moving from simple to more complex. These drills are taken from the *Préparation* section of the text and are indicated by an asterisk (*) in the *Partie orale.* A listening activity is then provided to give students the opportunity to test their oral comprehension of the grammar and vocabulary being studied. All exercises are based on a meaningful context so that vocabulary and structures can be practiced in lifelike situations.

Next, a series of activities is provided based on the chapter's *Intégration et perspectives.* Students hear a listening-comprehension passage that relates to the chapter theme and integrates the chapter grammar and vocabulary. Comprehension questions about the passage are printed in the *Partie orale.* A contexturalized dictation based on the grammar, vocabulary, and theme of the chapter gives students an opportunity to write in French what they hear. Lastly, a series of personal questions placed in a context allows students to formulate written responses to questions that they hear.

NOM ______________________ DATE ______________ CLASSE ______________

CHAPITRE 1

Point de départ

PARTIE ÉCRITE

Mise en train

A. Conversation. *Sabine and Bernard are talking about their courses. Using words you have learned, complete their statements.*

Sabine Moi, j'adore l'informatique. Et toi?

Bernard Oui, moi __aussi__, j'aime __bien__ l'informatique. Je trouve ça __interessent__. J'aime la littérature aussi. Et toi?

Sabine Oui, j'aime __la litterature__, mais j'aime __mieux__ l'histoire. Et j'adore étudier.

Bernard Pas moi! Je __n'aime pas__ (déteste) étudier! Je __trouve ça__ ennuyeux (boring). J'aime mieux __litterature__ et __l'histoire__.

B. Comparaisons. *You and Marie-France are comparing your interests. Using the models as a guide, write your responses to Marie-France's statements.*

Modèles J'aime danser.
Moi aussi, j'aime danser.
Pas moi, je n'aime pas danser. Je trouve ça ennuyeux.

1. J'aime marcher avec des amis.

   Moi Aussi, J'aime marcher avec des amis. Pas moi, Je n'aime pas marcher. Je trouve ça ennuyeux

2. Je déteste la littérature. Je trouve ça inutile.

   Pas moi, J'aime la litterature. Je trouve ça interessent

3. Après les cours, j'aime bien nager.

   moi aussi J'aime nager

4. J'adore les vacances.

moi aussi. J'adore les vacances.

5. J'aime les sciences. Je trouve ça facile.

Je n'aime pas les science. Je trouve ça difficile

6. Je déteste regarder la télévision.

Pas moi. Je n'aime pas regarder la television. Je trouve ça ennuyeux

C. Préférences. *Write sentences telling whether you like or dislike each of the following, and what you think of each.*

Modèle parler français
J'aime parler français. Je trouve ça intéressant.

1. les mathématiques

J'aime les matematiques. Je trouve ça intéressant.

2. regarder la télévision

J'aime regarder la télévision. Je trouve ça agréable

3. les devoirs

J'aime les devoirs. Je trouve ça utile.

4. les langues

J'adore les langues. Je trouve ça intéressant.

5. marcher

6. la musique

7. nager

8. travailler

L'article défini et le nom

A. Impressions. *Solange and Laurent are exchanging their impressions of university life. Complete their conversation by filling in the blanks with the appropriate form of the definite article.*

NOM ____________________ DATE ____________ CLASSE ____________

LAURENT Moi, j'aime bien __La__ vie à __L'__ université, et toi?

SOLANGE Moi aussi. Je trouve __LE__ campus très agréable. J'étudie __La__ physique et __La__ biologie.

LAURENT Je déteste __LES__ sciences. Moi, j'étudie __LES__ langues. J'adore __L'__ espagnol.

SOLANGE Moi, j'aime mieux __L'__ anglais. J'étudie __La__ philosophie aussi. Et toi?

LAURENT Oui, j'aime bien Madame Mairet, __lE__ professeur de philosophie. Tu aimes étudier?

SOLANGE J'aime mieux regarder __la__ télévision ou écouter __La__ radio.

B. Préférences. *Paulette is talking about the things she likes and does not like to do on various days of the week. Using the model as a guide, write what she says.*

MODÈLE likes to swim / on Tuesdays
Le mardi, j'aime nager.

1. doesn't like to study / on Fridays
   Je déteste étudier
   LE VENDREDI, JE N'aime PAS ÉTUdiE.
2. likes to listen to the radio / on Sundays
   le Dimanche, J'aimE ÉCOUTER LA RADIO.
3. likes to study at the library / on Wednesdays
   LE MERCREDI, J'aime étudiE a la BIBLIOTHÈQUE
4. likes to walk after classes / on Mondays
   LE LUNDI, J'aime DÉmarche après les cours.
5. likes to eat with friends / on Saturdays
   LE SamEDI, J'aimE manger AVEC DES AMIS.

C. Slogans. *Using* ***Vive*** *(*long live*) and* ***À bas*** *(*down with*), create one or more slogans that the following people might say.*

MODÈLE Les étudiants: **À bas le restaurant universitaire!**

1. Les professeurs: ____________________
2. Les étudiants: ____________________

3. Les Américains: ____

____

4. Les Français: ____

____

5. Le président de l'université: ____

____

Les verbes de la première conjugaison et les pronoms sujets

A. La vie au campus. *Janine is telling how she and her friend Serge feel about campus life. Complete her statements by filling in the blanks with the appropriate forms of verbs from the lists below. Certain verbs can be used more than once.*

1st paragraph: **aimer, détester, étudier, travailler, trouver**

À l'université, Serge ____________ les maths, et moi, j(e) ____________ l'anglais. Nous ____________ le campus très agréable. Les étudiants ____________ à la bibliothèque. Ils ____________ bien les cours, mais ils ____________ les devoirs.

2nd paragraph: **aimer, danser, écouter, manger, marcher, nager, regarder**

Serge ____________ souvent la radio; il aime aussi ____________ la télévision. Le samedi, j'aime ____________ dans les discothèques. Nous détestons le restaurant universitaire, mais nous aimons bien ____________ avec des amis. Nous ____________ les sports: nous ____________ et nous ____________.

B. Occupations. *Describe what the people in each of the following illustrations are doing.*

MODÈLE

La famille Vincent voyage.
où **La famille Vincent aime voyager.**

NOM ______________________ DATE ______________ CLASSE ______________

1. Annette et Jacques parlent français
aiment parler

2. Jean et moi, nous mangeons
aimons manger

3. Les étudiants étudient l'informatique.
aiment étudier

4. Vous dansez dans les discothèques.
aimez danser

5. François travaille
aime travailler.
il déteste travailler.

6. Claudine et Alain aiment regarder la télé. ils regardent la télé.

C. ***Activités et préférences.*** *Using the adverbs you have learned and the verbs below, create sentences that tell how often you or people you know do certain activities.*

Modèles écouter la radio
J'écoute souvent la radio.
Nous écoutons rarement la radio.

1. étudier à la bibliothèque J'étudie quelquefois à la bibliothèque.
2. nager Nous nageons toujours. - bien
3. parler français Nous parlons rarement français.
4. regarder la télévision Je regarde rarement la télévision.
5. voyager en groupe Nous voyageons tout le temps.
6. travailler Je travaille souvent.
7. manger avec des amis Je mange souvent avec des amis.

La forme interrogative et la forme négative

A. ***Ce n'est pas vrai* (It's not true).** *Claire and a group of friends are unhappy with various aspects of university life and disagree with their friends' comments. Re-create their replies by putting the following statements in the negative.*

Modèle J'aime travailler.
Non, tu n'aimes pas travailler.

1. Tu travailles à la bibliothèque.
non, Je n'aime pas travailler à la bibliothèque
2. Paul regarde la télé.
non, il ne regarde pas la télé.
3. Nous aimons les examens.
non, nous n'aimez pas les examens.

4. Philippe et Odile étudient ensemble.

ils n'étudient pas ensemble

5. Vous parlez anglais en classe.

Nous ne parlons plus anglais en classe.

6. On mange bien à l'université.

On ne mange pas bien à l'université

7. J'aime bien le cours de philosophie.

non, tu n'aimes pas bien le cours de philosophie.

B. Questions. *You want to find out how Georges, a student from Montreal, is getting along at your university. What questions would you ask him to find out the following information? Be sure to use either* ***est-ce que*** *or* ***n'est-ce pas?***

MODÈLES find out if he likes the dorm
Est-ce que vous aimez la résidence universitaire?
où **Vous aimez la résidence universitaire, n'est-ce pas?**

find out:

1. if he is studying computer science

Est-ce que vous étudiez l'informatique?

2. if he works a lot

Est-ce que vous travaillez beaucoup?

3. if he likes speaking English all the time

Est-ce que vous aimez parler anglais tout le temp?

4. if students at the university speak French well

Est-ce que les étudiants à l'université parle bien français

5. if they watch TV often

Est-ce que vous regardez souvent la télévision?

6. if teachers often listen to students

Est-ce que les professeurs écoutent souvent a les étudiants?

7. if he likes to study in a group

Est-ce que vous aimez étudier en group?

8. if he works at the library or at the dorm

Est-ce que vous travaillez à la bibliothèque ou la résidence universitaire?

C. Compatibilité. *Your roommates this year are students from Quebec. In the space provided, write at least six questions you can ask to find out about their interests and studies.*

MODÈLE Est-ce que vous aimez le campus?
Vous regardez quelquefois la télé, n'est-ce pas?

Intégration et perspectives

A. Petite conversation. *You have just met Christophe, a French student, who asks you the following questions. Write what you would say in the space provided.*

CHRISTOPHE Bonjour. Je m'appelle Christophe. Et vous?

VOUS Je m'appelle Raquel.

CHRISTOPHE Comment allez-vous?

VOUS Très bien.

CHRISTOPHE Est-ce que vous aimez la vie à l'université?

VOUS Oui. J'aime la vie à l'université

CHRISTOPHE Vous étudiez le français, n'est-ce pas?

VOUS Oui j'étudie le français

CHRISTOPHE Est-ce que vous préférez étudier les mathématiques ou l'histoire?

VOUS Je préfère étudier l'histoire

CHRISTOPHE Est-ce que les étudiants aiment bien les examens?

VOUS Les étudiants détestent les examens

CHRISTOPHE Au revoir. À demain!

NOM ______________________ DATE ____________ CLASSE ____________

B. Les États-Unis et les touristes. *Imagine meeting a French student who is visiting your city. In the space provided, write what you would say in French to convey the following information.*

1. Say hello.

   Bon jour

2. Introduce yourself.

   Je m'appelle Raquel

3. Ask her what her name is.

   Comment allez vous?. Comment vous appellez-vous?

4. Tell her what you study at the university.

   J'étudie la biologie, l'anglais, l'italiano, espagnol et Français

5. Ask her if she studies or if she works.

   Est-ce que vous etudiez ou vous travaillez? à l'université

6. Say that you like travels, music, and sports.

   J'aime le voyage, la musique et le sports

7. Ask her if she likes to travel in a group.

   Est-ce que vous aimez voyager en groupe?

8. Ask her if she likes to listen to the radio and watch TV.

   Est ce que vous aimez écoutez la radio ou regardez la tele

NOM ______________________ DATE ______________ CLASSE ______________

CHAPITRE 2

Identité

PARTIE ÉCRITE

Mise en train

Professions. *The drawings below show people in different professions. Complete the sentence describing each person with the appropriate profession.*

MODÈLE

Marcelle Fallot est **ingénieur**.

1. Claude Leluc est dentiste

2. Georges Vaude est avocat

3. Micheline Gabriel est comptable

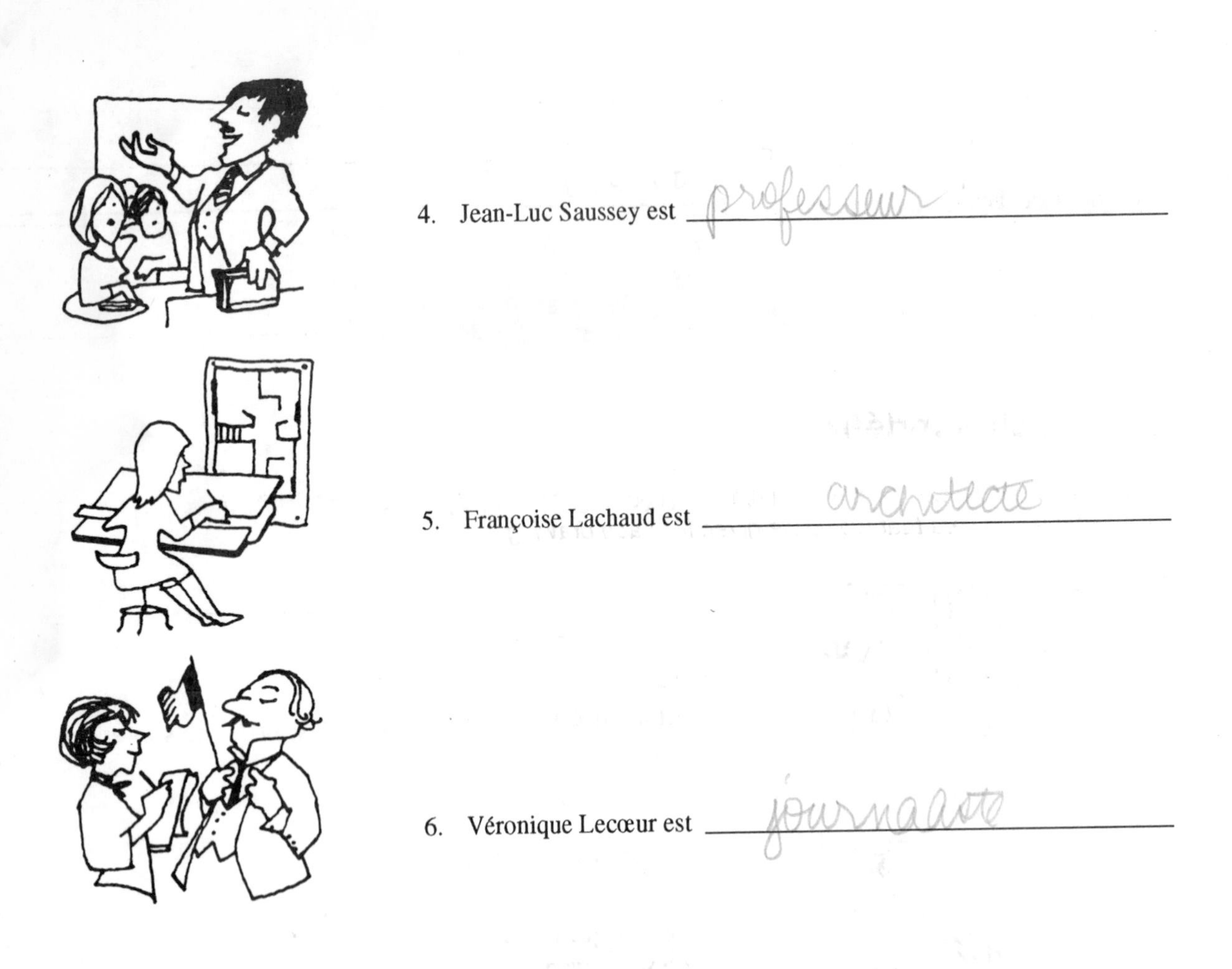

4. Jean-Luc Saussey est professeur

5. Françoise Lachaud est architecte

6. Véronique Lecœur est journaliste

Le verbe *être* et l'utilisation des adjectifs

A. Origines. *All of the following people live in Martinique. Indicate the town each is from by filling in the blanks of the following sentences with the appropriate forms of the verb* ***être****.*

1. Alain est de Sainte-Anne.
2. Isabelle et moi, nous sommes de Fort-de-France.
3. Les parents de Claudine sont de Belle Fontaine.
4. Vous êtes de Petit Bourg, n'est-ce pas?
5. Hélène est de Précheur, dans la région du mont Pélé.
6. Moi, je suis de Vert Pré.

B. Opinions. *Complete each of the following sentences so that they express your opinions of university life. Use the appropriate form of* ***être****, and adjectives and adverbs you know, in each sentence.*

Modèle Nous, les étudiants, nous **sommes très optimistes**.

1. L'université est honnête

NOM ______________ DATE ______________ CLASSE ______________

2. Je suis sympathiques
3. Nous, les étudiants, nous sommes pessimistes
4. Les examens sont très difficiles
5. Vous, les professeurs, vous êtes contente
6. La classe de français est interessante

Les articles indéfinis

Questions. *How would you ask what the following items and people are? Write the questions you would ask and the answers that would be given for each drawing.*

MODÈLES

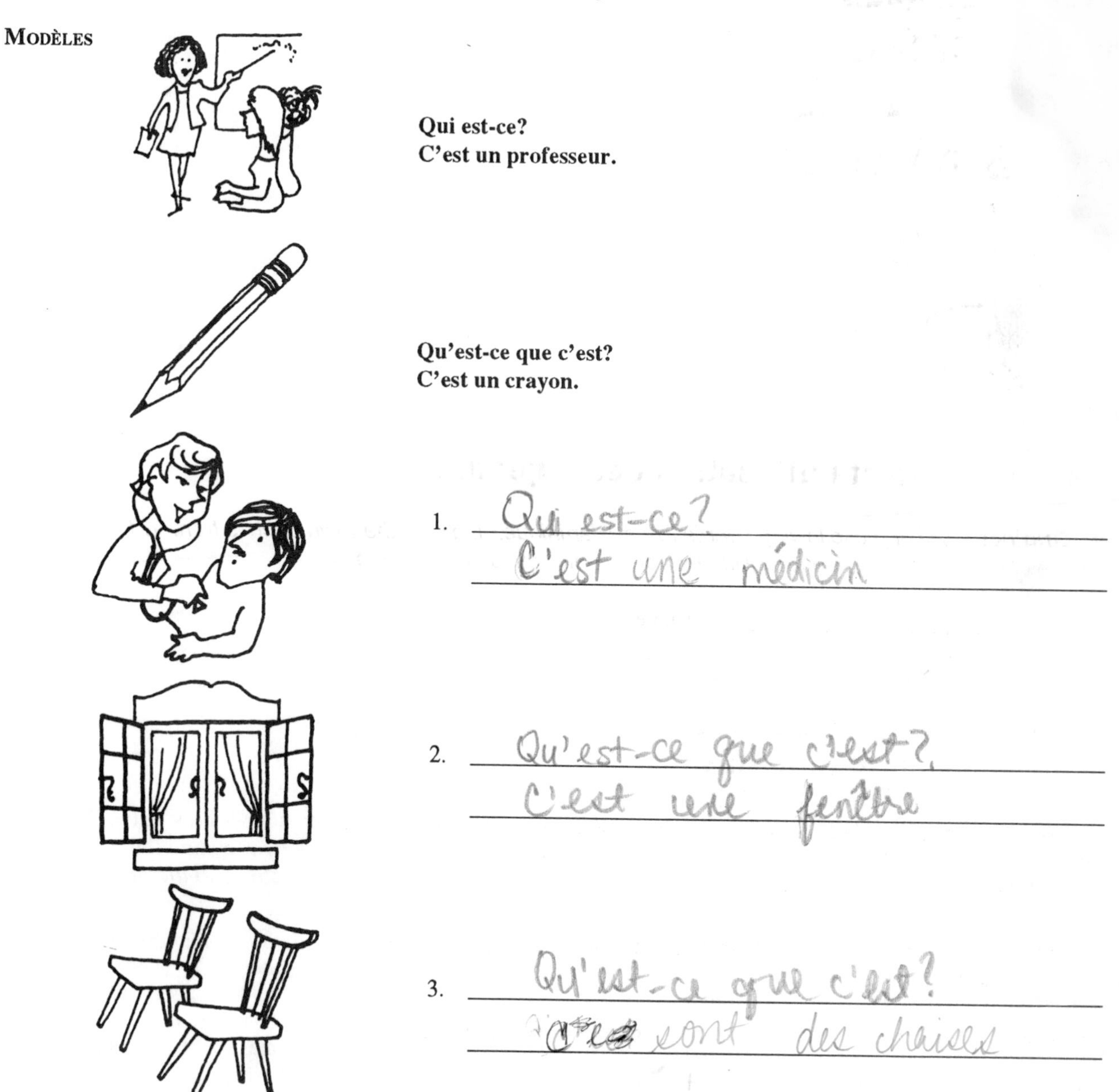

Qui est-ce?
C'est un professeur.

Qu'est-ce que c'est?
C'est un crayon.

1. Qui est-ce?
C'est une médicin

2. Qu'est-ce que c'est?
C'est une fenêtre

3. Qu'est-ce que c'est?
Ce sont des chaises

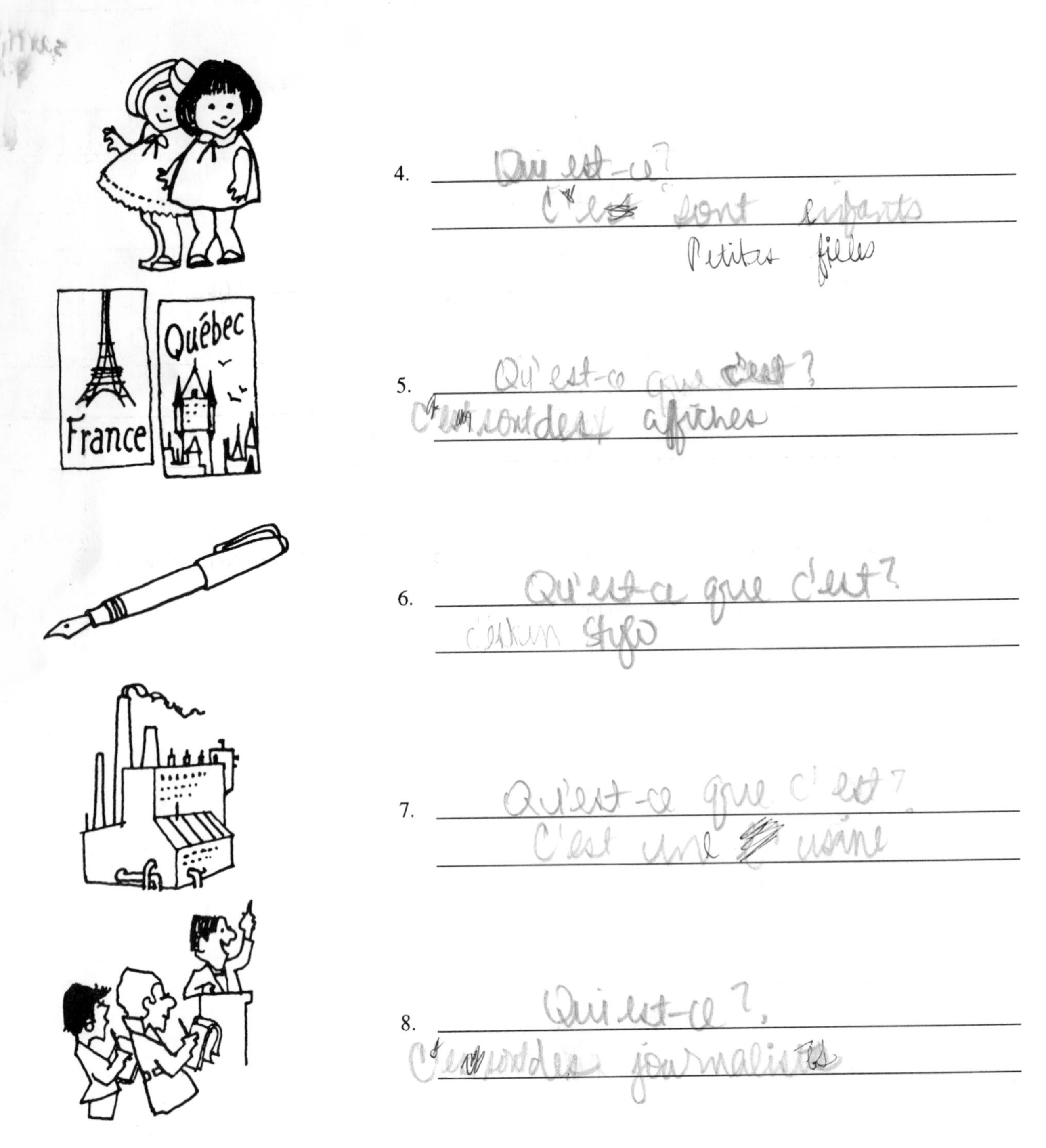

Les adjectifs qualificatifs

A. Contre-attaque. *Jean Chauvin is bragging about all the qualities that men supposedly have. Marlène insists that women have these same qualities. Re-create Marlène's statements by rewriting the following paragraph in the space provided. Be sure to change each of the underlined adjectives to the feminine and make the other necessary substitutions of feminine nouns and pronouns.*

En général, je trouve les hommes très <u>sympathiques</u>. Ils sont toujours <u>sportifs</u>. Ils ne sont jamais <u>paresseux</u>. Ils sont <u>indépendants</u>, <u>sérieux</u>, et <u>intelligents</u>. Ils sont <u>ambitieux</u>, c'est vrai, mais ils sont aussi <u>honnêtes</u>. Et ils sont très <u>patients</u> avec les femmes. Ils ne sont pas <u>impulsifs</u> et <u>naïfs</u> comme les femmes. Les hommes sont <u>formidables</u>, n'est-ce pas? En général, je trouve les femmes ______________________________

NOM ______________________ DATE ____________ CLASSE ____________

toujours sportives. Ils ne sont jamais paresseuses. Elles sont indépendante, sérieuse et intelligentes. Elle sont ambitieuse, c'est vrai, mais ils sont aussi honnêtes. Et ils sont très patientes avec les hommes. Elles ne sont impulsives et naïves comme les hommes.
Les femmes sont formidables, n'est ce pas?
En 0

sportif
sportive

B. Descriptions. *Complete each of the following sentences by adding one or more adjectives to make a complete and meaningful sentence. Be sure that the adjectives agree with the nouns they modify.*

MODÈLE Le film n'est pas très intéressant.
Il est **ennuyeux** .

1. Julie n'aime pas beaucoup travailler.
   Elle est paresseuse.
2. Marc est triste.
   Il n'est pas content.
3. Véronique et Annick sont de Paris.
   Elles sont Parisiennes. Françaises.
4. Madeleine aime nager et marcher.
   Elle est sportive.
5. Paul et Annette sont psychologues, et ils travaillent tout le temps.
   Ils sont fatigués.
6. Les examens dans la classe de français ne sont pas difficiles.
   Ils sont faciles.
7. Jean-Louis n'est pas patient.
   Il est assez impatient.
8. Katarina est de Berlin.
   Elle est Allemande.

C. Opinions. *The following questions are addressed to you personally. Write appropriate responses, using one or more adjectives in each answer.*

Modèle Quelle sorte de femmes aimez-vous?
J'aime les femmes indépendantes.

1. Quelle sorte de professeurs est-ce que les étudiants aiment?
   les professeurs étudiants aiment les professeurs parfait
2. Et vous, quelle sorte de professeurs est-ce que vous aimez?
   J'aime les professeurs honnêtes.
3. Quelle sorte d'étudiants est-ce que les professeurs aiment?
   les professeurs aiment étudiants intelligent
4. Quelle sorte de films est-ce que vous aimez en général?
   J'aime les films comiques.
5. Quelle sorte de femmes ou d'hommes est-ce que vous aimez?
   J'aime les hommes sérieux et sympathiques.
6. Quelle sorte de médecins préférez-vous?
   J'aime les médicins intelligents
7. Quelle sorte de gens détestez-vous?
   Je déteste les gens impatients et materialistes

Intégration et perspectives

A. À l'auberge de jeunesse. *While you're staying at a youth hostel in Paris, you strike up a conversation with Gilles, a young Canadian tourist. Write what you would say to introduce yourself and to find out about him.*

1. Ask him if he is from Montreal.
   Est-ce que tu es de montreal?
2. Ask him what he's studying.
   Qu'est-ce que tu étudies?
3. Find out if Gilles is single.
   Est-que vous êtes celibataire?

4. Find out what kind of movies he likes, and then tell what kind you like.

Quelle sorte de films est-ce que tu aimes?
J'aime les films comiques.

5. Tell Gilles what you're studying and what profession you would like to be.

J'étudie les langues. Je voudrais être un professeur.

6. Tell him whether or not you work.

Je travaille.

7. Find out if Gilles is athletic.

Est-ce que tu est sportif?

8. Describe your personality to Gilles.

Je suis honnête, agréable et sympathiques.

9. Find out if he often speaks English, and if he finds that easy.

Est-ce que tu parles souvent anglais. Est-ce que tu trouves ça facile?

10. Ask him if he likes to travel in groups.

Est-ce que tu aimes voyager en group?

B. Professions et qualités. *For each of the professions below, write one or two sentences telling qualities the members of that profession must have. Use the expression* ***il faut*** (it's necessary) *in your sentences.*

MODÈLES comptable **Pour être comptable, il faut être très intelligent.**
Pour être comptable, il faut aimer les maths. *or* **il faut étudier les maths.**

1. médecin _______________

2. professeur _______________

3. journaliste _______________

4. avocat _______________

5. ingénieur ____________________

____

NOM ______________________ DATE ____________ CLASSE ____________

CHAPITRE 3

Possessions

PARTIE ÉCRITE

Mise en train

A. Où? *Madeleine is telling where various things are in her apartment. Using the model as a guide, tell what she says.*

MODÈLE phone / kitchen
Le téléphone est dans la cuisine.

1. TV set / bedroom
   le téléviseur est dans la chambre
2. VCR and stereo / living room
   le magnétoscope et stéréo ~~et~~ sont dans la salle de séjour
3. stove and refrigerator / kitchen
   la cuisinière et le réfrigérateur sontdans la cuisine
4. table / dining room
   la table est dans la salle à manger
5. water closet (toilet) / bathroom
   les w.-c ~~est~~ sont dans la salle de bains
6. computer / dining room
   le micro-ordinateur est dans la salle ~~de~~ à ~~séjour~~ manger

B. Les rêves et la réalité. *The drawing below shows some items in Jean-Claude's dormitory room, and some things he'd like to have. Write complete sentences that Jean-Claude might say about what he has and would like to have.*

Modèle **J'ai des livres. Je voudrais avoir une voiture.**

J'ai...	Je voudrais avoir...
un téléviseur	une voiture
une machine à écrire	une maison
un téléphone	un micro-ordinateur
des disques	des vidéo-cassettes
la radio	un magnétoscope

Le verbe *avoir*

A. La vie n'est pas parfaite. *Régine is talking about the various things she and her friends have and don't have. Using the words and phrases below and following the model, re-create Régine's statements.*

Modèle je / chaîne-stéréo (oui) / magnétoscope (non)
J'ai une chaîne-stéréo mais je n'ai pas de magnétoscope.

1. Marie / sœurs (oui) / frère (non)
   Marie a des soeurs mais elle n'a pas de frère
2. vous / radio (non) / téléviseur (oui)
   Vous n'avez pas radio mais vous avez un téléviseur.
3. tu / chat (non) / chien (oui)
   tu n'as pas de chat mais tu as un chien

4. je / crayons (oui) / stylo (non)

____

5. nous / chaises (oui) / canapé (non)

____

6. Jacques et Robert / cassettes (non) / disques (oui)

____

B. Camarades de chambre. *Christine Fontanel is talking about herself and her roommate Monique Reynaud. Fill in the blanks in her statements with appropriate forms of the verbs **avoir** and **être**.*

1. Monique et moi, nous ______________ camarades de chambre. Nous ______________ étudiantes en sciences politiques à l'université de Grenoble. Monique ______________ de Paris. Elle ______________ trois frères. Moi, j(e) ______________ de Strasbourg, et je n(e) ______________ pas de frères ou de sœurs.

2. Nous habitons dans une résidence universitaire. Dans la chambre, il y ______________ des livres, des affiches et des photos. Monique ______________ un micro-ordinateur, et j(e) ______________ un téléviseur. Je voudrais ______________ un magnétoscope. En général, les étudiants ici ______________ une chaîne-stéréo et des disques.

3. La vie à l'université ______________ intéressante, et nous ______________ des amis très sympathiques. Moi, j(e) ______________ des classes difficiles, mais les profs ______________ toujours excellents.

C. Dans une librairie. *You are talking to a clerk in a bookstore in Lyon. Write what you would say in French to convey the following information.*

1. Tell the clerk that he has some very interesting books.

____

2. Tell him what kind of books you like.

____

3. Find out if there are any American books.

____

4. Say that you would like to have some French books.

J'aimerais avoir des livres français

5. Tell him you're looking for a book by Camus.

Je cherche un livre de Camus.

6. Ask the clerk if *L'Étranger* is an interesting book.

Est-ce que l'étranger est un livre intéressant

7. Find out if he has any French-English dictionaries.

Est-ce que vous avez des dictionnaires

La préposition *de* et les adjectifs possessifs

A. Arbre généalogique. *The following is Hélène Dupont's family tree. Refer to it as you write complete sentences about the family relationships of the people mentioned in each item.*

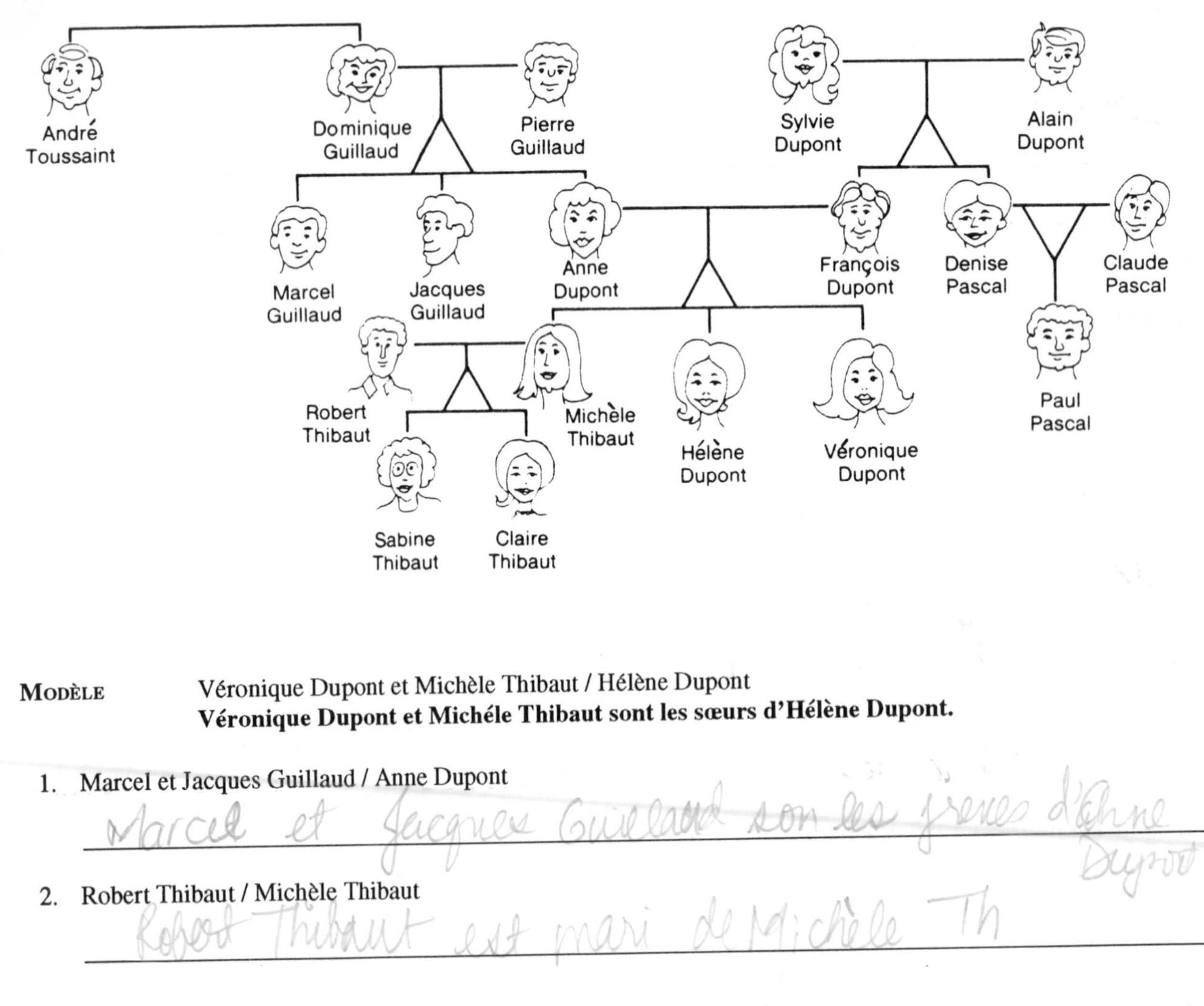

Modèle Véronique Dupont et Michèle Thibaut / Hélène Dupont
Véronique Dupont et Michéle Thibaut sont les sœurs d'Hélène Dupont.

1. Marcel et Jacques Guillaud / Anne Dupont

Marcel et Jacques Guillaud son les frères d'Anne Dupont

2. Robert Thibaut / Michèle Thibaut

Robert Thibaut est mari de Michèle Th

3. Sylvie Dupont et Dominique Guillaud / Hélène Dupont

Sylvie Dupont et Dominique Guillard sont les grand-mère de Hélène Dupont

4. André Toussaint / Anne Dupont

André Toussaint est oncle de Anne Dupont

5. Hélène Dupont / Sabine et Claire Thibaut

Hélène Dupont est tante de Sabine et Claire Thibaut

6. François Dupont / Denise Pascal

François Dupont est frère de Denise Pascal

7. Pierre Guillaud / Jacques Guillaud

Pierre Guillaud est pere de Jacques Guillard

8. Alain Dupont / Paul Pascal

Alain Dupont est grand-père de Paul Pascal

9. Sabine et Claire Thibaut / Michèle Thibaut

Sabine et Claire Thibaut sont les filles de Michèle Thibaut

10. François Dupont / Sylvie et Alain Dupont

François Dupont est le fils de Sylvie et Alain Dupont

B. Équipement de bureau. *Monsieur Dumas is telling the delivery staff in his office supply store the names of the clients who have purchased office equipment and supplies. What does he say?*

MODÈLE

le professeur Neuilly
C'est le magnétoscope du professeur Neuilly.

1. 

Marie-Claire Duchêne

Ce sont des chaises de Marie-Claire Duchêne

2. 

Monsieur Raoul Lafleur

Ce sont des telephones des Monsieur Raoul Lafleur

3. le docteur Martinet

C'est la micro-ordinateur du docteur Martinet

4. le professeur Renaud

C'est le bureau du le professeur Renaud.

5. la secrétaire de Martine Delame

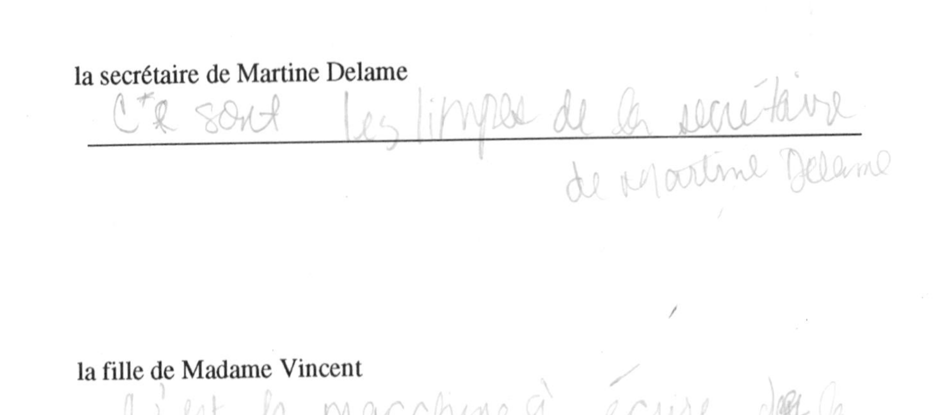

C'e sont les lampes de la secrétaire de Martine Delame

6. la fille de Madame Vincent

C'est la macchine à écrire de la fille de Madame Vincent

C. La famille et les amis. *Several people are talking to Richard about their families and friends. Re-create their statements by filling in the blanks below with the appropriate forms of the possessive adjective.*

NOM ______________ DATE ______________ CLASSE ______________

CLAIRE Dans notre région, les gens sont contents de ~~notre~~ leur vie. Chaque (*each*) famille possède ~~votre~~ sa maison ou son appartement appartement. Nous habitons dans une rue agréable et notre maison est très confortable.

ANDRÉ mes parents ont un magasin de vêtements. Il y a quatre personnes qui travaillent dans ~~notre~~ leur magasin. mes employés aiment bien sa travail.

RENÉE mon amie Lise habite rue Laugier. ses parents travaillent dans une usine. Et toi, Richard, comment est la ville où tu habites? Comment sont tes amis? Est-ce que tu es content de ta vie et de ton travail?

D. La vie à l'université. *The following questions are addressed to you personally. Write an appropriate response to each, using complete sentences.*

1. Est-ce que vous êtes content(e) de votre vie à l'université?
   oui, je suis contente de ma vie à l'université
2. Est-ce que vous trouvez vos cours intéressants?
   oui, je trouve mes cours interessants.
3. En général, est-ce que les étudiants sont contents de leurs cours?
   En general, les etudian non sont contents de leurs cours.
4. Est-ce que vous êtes content(e) de vos professeurs?
   oui, je suis contente de mes professeurs
5. Quelle est votre classe favorite?
   ma classe favorite est de français.
6. Quel est le nom de votre meilleur(e) (*best*) ami(e)?
   le nom de ma meilleur amie est Olga.
7. Où est-ce que votre ami(e) habite?
   ma amie habite [in] Bayside.
8. Est-ce que votre appartement ou votre chambre est agréable?
   ma chambre est agréable.

Des adjectifs prénominaux

A. Le bon et le mauvais côté des choses. *Jean-Luc, who tends to see the negative side of things, disagrees with Jeannette's positive statements. Following the model, re-create his statements. Pay attention to both the agreement and placement of the adjective in parentheses.*

MODÈLE Ta maison est très élégante. (grand)
Oui, mais ce n'est pas une grande maison.

1. Tes vêtements sont jolis. (nouveau)
   Oui, mais ce ne sont pas des nouveaux vêtements.
2. La classe de maths est assez facile. (bon)
   Oui, mais ce n'est pas une bonne classe.
3. Tes parents ont un grand appartement. (beau)
   Oui, mais ce n'est pas un bel appartement.
4. Tu habites dans une ville moderne. (agréable)
   Oui, mais ce n'est pas une ville agréable.
5. Tu as de vieux livres. (intéressant)
   Oui, mais ce ne sont pas des livres intéressant.
6. Tu regardes un film amusant à la télé. (bon)
   Oui, mais ce n'est pas un bon film.
7. Tes professeurs sont sympas. (passionnant)
   Oui, mais ce ne sont pas des professeurs passionants.
8. Ta sœur a une belle voiture. (français)
   Oui, mais ce n'est pas une voiture français.
9. Tes vidéocassettes sont très intéressantes. (nouveau)
   Mais ce ne sont pas de nouvelles vidéo.
10. Ta chambre est très agréable. (grand)
    Mais ce n'est pas une grande chambre.

B. On va déménager. *Your French-Canadian friends are moving to your town, and you are helping them look for a home to buy. Using vocabulary you know, write in French the description you would give your friends for* ***one*** *of the following real estate ads.*

NOM ______________________ DATE ______________ CLASSE ______________

CLINTONVILLE
Open Sun., 2-5. Maintenance Free 2 Story w/New Kchn. and Bath. $71,900. 255 E. Tulane. 267-7179.

CLINTONVILLE AREA-By owner. 3 BR, formal DR, country kchn., nice fen. in bkyrd. Gar. $64,900. Home, 261-6929. Bus., 889-4665.

WORTH./COLONIAL HILLS
476 MEADOWAY PARK
Open Sunday 2-5. 3 BR, 2 baths, CA, fully updated. $70's. 888-7003.

CLINTONVILLE—475 E. Tulane. 3 bdrms., 1 bath, ex. cond. Low $60s. Open Sun. 1-4 or by appt. 262-7177.

WORTHINGTON HILLS CONT.
Designed by Byron Ireland. Two story, living room, 3 bdrms., dining rm., family rm., deck, ravine setting. Sharp exclusive listing w/ SARAH CALHOON 451-1000/876-6354.

SCIOTO RIVERFRONT
Stone two story on three beautiful acres. Bay windowed dining room, fam. rm. with magnificent view of river, first floor master suite, garage, sauna, more! TOM CALHOON 451-1000/876-1100.

"THE CHASE"
New Homes—near retreat. 2 gorgeous new homes in $200,000 range. 3,000 sq. ft. and up. Built late spring. Your plans or ours. Call now! JOYCE TREBING 451-1000/876-5836.

5 BEDRM.-ARLINGTON-130s
Large two story. Beautiful dining rm., fam. rm., w/WBFP plus den on first floor. Kitchenhas breakfast area. Bsmt., 1 car gar. Stream. SARAH CALHOON 451-1000/846-6354.

JUST LISTED
DUBLIN COMMONS
Townhouse...2 bedrooms, 2½ baths, fireplace, and att-garage! $52,900. Call Paul Love, Realtor 268-6888.
LOVE
Realty, Inc. Red Carpet

Relax/Enjoy
You can move into this 3 bdrm. condo at the Landings. New floor coverings, new paint, enjoy the pool, tennis, and private patio. A rare opportunity $68,500.
George Anderson
GBR Realtors 895-2782

• WINDGATE SQUARE •
OWNER WILL PAY
CLOSING COSTS
2 BR tnhse., fully cptd., all new ktchn., range, refrig., dishwasher, W-D hkup. in bsmt. $49,900.
Cathy Frazie, 764-1309
Office, 488-1167

• WINDGATE VILLAGE •
1 and 2 Bedroom Condominiums with W-W carpet, frost-free refrig., range. Quiet community. On busline. $37,900 to $45,900.
Peggy Taylor, 488-6778, 486-6721
THE REAL ESTATE PEOPLE

____

____

____

____

____

____

Intégration et perspectives

A. Agent immobilier. *You are a real estate agent in Paris, and you need to find apartments to show to some of your clients. Read the following descriptions of the clients and match a client with each of the floor plans shown. Using vocabulary you know, tell what features make the home right for the client.*

Les clients:

Monique Fontaine et Isabelle Laroche—Ce sont deux cousines qui travaillent dans le même bureau. Elles invitent souvent leurs amis à la maison.

Paul Leclerc—C'est un jeune ingénieur qui travaille beaucoup. Il n'est pas souvent à la maison.

Philippe et Anne Damon—C'est un jeune couple qui a deux enfants. Philippe est architecte; Anne reste à la maison avec les enfants.

Véronique Bouchereau—Ells est comptable mais elle préfère travailler à la maison.

MODÈLE **C'est parfait pour Paul Leclerc parce qu'il y a seulement (*only*) une grande pièce. Il y a aussi une petite cuisine.**

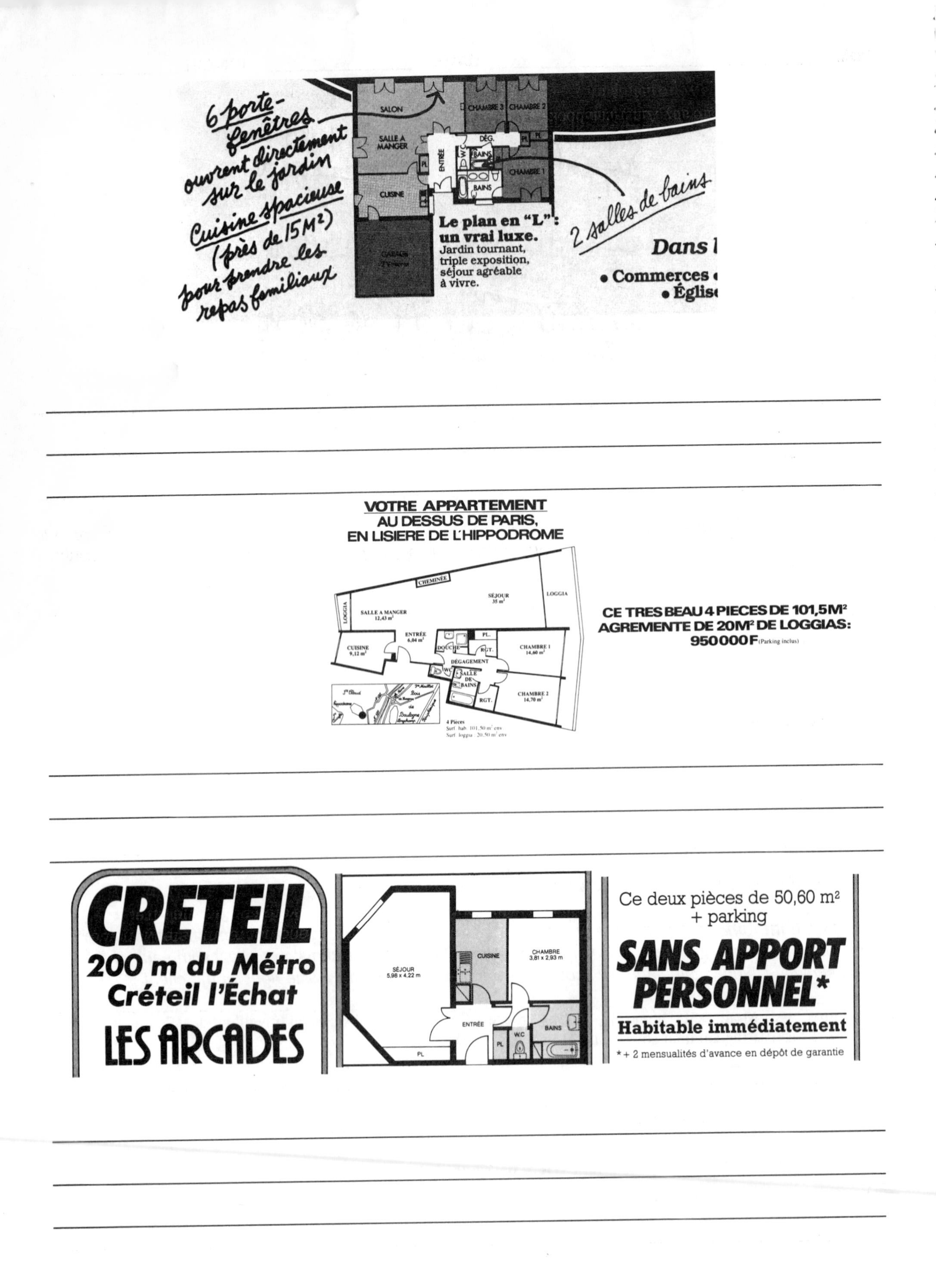
6 porte-fenêtres ouvrent directement sur le jardin
Cuisine spacieuse (près de 15 M²) pour prendre les repas familiaux
SALON
SALLE A MANGER
CUISINE
ENTRÉE
CHAMBRE 3
CHAMBRE 2
CHAMBRE 1
DÉG.
BAINS
W.C
Le plan en "L": un vrai luxe.
Jardin tournant, triple exposition, séjour agréable à vivre.
2 salles de bains
VOTRE APPARTEMENT
AU DESSUS DE PARIS,
EN LISIERE DE L'HIPPODROME
CHEMINÉE
SALLE A MANGER
SÉJOUR
LOGGIA
ENTRÉE
CUISINE
DOUCHE
PL.
RGT.
CHAMBRE 1
DÉGAGEMENT
SALLE DE BAINS
CHAMBRE 2
CE TRES BEAU 4 PIECES DE 101,5M²
AGREMENTE DE 20M² DE LOGGIAS:
950000F (Parking inclus)
CRETEIL
200 m du Métro
Créteil l'Échat
LES ARCADES
SÉJOUR
5,98 x 4,22 m
CUISINE
CHAMBRE
3,81 x 2,93 m
ENTRÉE
BAINS
W.C
PL
Ce deux pièces de 50,60 m²
+ parking
SANS APPORT PERSONNEL*
Habitable immédiatement
* + 2 mensualités d'avance en dépôt de garantie

NOM ______________________ DATE ____________ CLASSE ____________

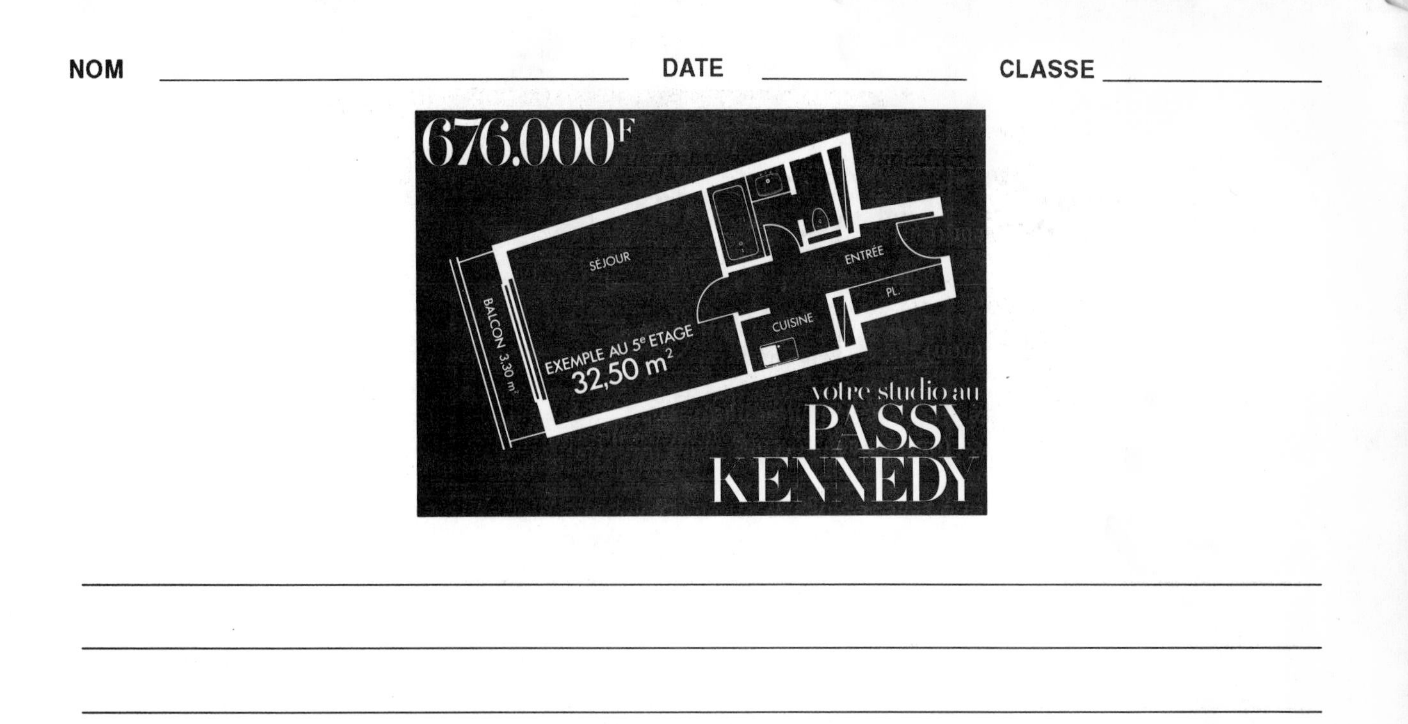

____

____

____

B. Une maison à louer. *You are a real estate agent. Monique Sala, a visitor from Montreal, has come to you for help in finding a house to rent in your town. In the space provided, write the questions you would ask in French to find out the following information.*

Find out:

1. what her profession is

   Quelle est tu profession?

2. where she works

   Où est-ce que tu travailles?

3. where she is living now

   Où est-ce que tu habite?

4. whether she is married or single

   Est-ce que tu est mariee ou celibataire?

5. if she has any children

   est-ce que tu as enfants?

6. if she is looking for a large or a small house

   Est-ce que tu trouve pour une maison grande ou petite maison?

7. if she is looking for a furnished apartment

   ____

8. whether she likes old houses

   Est-ce que tu aimes vieulles maisons?

C. Portrait de l'étudiant américain. *Using the following questions as a guide, describe the typical American college student to a French student.*

Quel âge a-t-il (elle)? Où et avec qui habite-t-il (elle)? Est-ce qu'il (elle) préfère manger à la maison ou à l'université? Quels sont ses activités typiques? Combien de cours a-t-il (elle)? Qu'est-ce qu'il y a dans la chambre ou l'appartement d'un(e) étudiant(e)? Quelles possessions désire-t-il (elle) avoir?

____

____

____

____

____

____

____

____

NOM ______________________ DATE ______________ CLASSE ______________

CHAPITRE 4

Les voyages

PARTIE ÉCRITE

Mise en train

A. Projets de vacances. *You're telling some friends about your vacation plans. Write what you would say in French to convey the following information.*

Tell your friends:

1. when your vacation begins

   Mes vacances commencent le décembre

2. what city or cities you want to visit

   Je désire visiter Londres.

3. how you prefer to travel

   Je préfère voyager en bateau et à pied (en train) (en avion)

4. who you like to buy souvenirs for

   J'aime acheter des souvenirs mes amis.

5. what you like to do when you travel

   Quand je voyage, j'aime marche.

6. whether or not you're traveling with your family

   Je voyage seule

B. Les jours fériés. *Jenny, an American student, wants to know on which holidays the French do not work. What does her French friend tell her?*

MODÈLE 25/12, Noël
On ne travaille pas le vingt-cinq décembre parce que c'est Noël.

1. 11/11, l'Armistice

2. 1/11, la Toussaint

3. 15/8, une fête (*holiday*) religieuse

4. 1/5, la Fête du Travail

5. 1/1, le Jour de l'An

6. 14/7, la Fête Nationale

Le verbe *aller*

A. Nos vacances. *The following students are discussing their summer vacation plans. Using the words and phrases given and following the model, tell what each person is going to do.*

MODÈLE Marcelle / travailler dans un magasin
Marcelle va travailler dans un magasin.

1. tu / rester à l'université pour étudier
   tu vas rester à l'université pour étudier.
2. moi, je / passer dix jours à la plage
   moi, je vais passer dix jours à la plage.
3. Henri / voyager dans un pays étranger
   Henri va voyager dans un pays étranger.
4. mes frères et moi, nous / aller à la montagne
   mes frères et moi, nous allons à la montagne.
5. vous / acheter une petite voiture pour voyager à la campagne
   vous allez acheter une petite voiture pour voyager à la campagne
6. mes parents / voyager dans un pays étranger
   mes parents vont voyager dans un pays étranger.

NOM ______________________ DATE ______________ CLASSE ______________

B. Pendant le week-end. *Use the following suggestions to create sentences telling where you and people you know go or do not go on the weekend. Be sure to use a different subject in each sentence.*

MODÈLE **Mon ami David ne va pas au théâtre.**

Qui: Moi, je; Mon ami(e) ___(nom)___; Mes amis et moi, nous; Mon frère / ma sœur; Mon / Ma camarade de chambre; Mes amis

Où: concerts, restaurant, cinéma, campagne, bibliothèque, théâtre, université, plage

1. Moi je vais au concerts.
2. Mon amie vont à la campagne.
3. Mon frère va à la bibliothèque.
4. Ma soeur va à l'université
5. Mes amis vont a la plage.
6. Ma camarade de chambre va au théâtre.
7. Moi je vais au restaurant.
8. Mes amis et moi nous allons au cinema.

C. Qu'est-ce qu'on va faire demain? *Imagine that it's Friday, and that two friends are trying to decide what to do tomorrow. Using words you know, write the conversation in which they discuss different possibilities.*

1ère personne: ______________________

2e personne: ______________________

1ère personne: ______________________

2e personne: ______________________

1ère personne: ______________________

2e personne: ______________________

1ère personne: ______________________

2e personne: ______________________

1ère personne: ______________________

2e personne: ______________________

Les prépositions et les noms de lieux

A. Projets de voyage. *Tell where the following people plan to travel this summer. Using the following words and phrases, re-create their statements. Be sure to use appropriate prepositions or definite articles.*

MODÈLE Suzanne / désirer / aller / Suisse / Italie
Suzanne désire aller en Suisse et en Italie.

1. nous / visiter / Espagne / Portugal
   Nous allons visiter l'Espagne et le Portugal
2. les Bremond / aller / États-Unis / Canada
   Les Bremond vont aux États-Unis et au Canada.
3. mon frère / aller / voyager / Algérie / Maroc
   Mon frère va voyager en Algérie et au Maroc
4. mes amis / passer leurs vacances / Sénégal / Zaïre
   mes amis passent leurs vacances au Sénégal et au Zaïre.
5. je / aller / visiter / Hollande / Belgique
   Je vais visiter l'Hollande et la Belgique
6. mon oncle et ma tante / désirer / visiter / Madrid / Tolède
   Mon oncle et ma tante désirent visiter Madrid et Tolède.
7. tu / aller / Japon / Chine
   Tu vas au Japon et en Chine

B. Où est-ce qu'il faut aller? *Choose five of the following sites (or pick others you can think of) and tell to what city or country one must go to visit each one.*

MODÈLE la Tour Eiffel
Il faut aller en France (ou à Paris) pour visiter la Tour Eiffel.

suggestions:

les pyramides	la Casbah	le Parthénon	les ruines aztèques
le Louvre	le Kremlin	le Château Frontenac	le Palais de Buckingham
les Alpes	le Vatican	les chutes du Niagara	le Prado

Il faut à Athenes en Grèce pour visiter le Parthenon.
Il faut aller Cairo en Égypte pour visiter les pyramides.
Il faut aller au Brésil ou au Mexique pour visiter les ruines aztèques
Il faut aller a Moscow en U.R.S.S. pour visiter le Kremlin
Il faut aller en France pour visiter le Louvre

Les nombres de 20 à 1 000

A. Numéros de téléphone. *The following telephone numbers might be helpful to an American tourist visiting Paris. Write out each number.*

MODÈLE Télégrammes: 42.33.44.11
C'est le quarante-deux, trente-trois, quarante-quatre, onze.

1. American Express: 42.66.09.99

____

2. Ambassade américaine: 42.96.12.02

____

3. Office du Tourisme de Paris: 47.23.61.72

____

4. Le musée Picasso: 42.71.25.21

____

5. Objets trouvés (*lost and found*): 45.31.14.80

____

B. Distances. *Lucien and Dominique Vincent are planning a trip to Quebec and are checking the distances between different cities. Referring to the following chart, complete their statements.*

MODÈLE Montréal est à <u>cinq cent trente-neuf</u> kilomètres de Rimouski.

Distances entre les principales villes du Québec

(En kilomètres)

	Baie-Comeau	Chicoutimi	Gaspé	Hull	La Malbaie	Montréal	Québec	Rimouski	Rouyn-Noranda	Sept-Îles	Sherbrooke	Saint-Georges	Trois-Rivières	Joliette	Sorel
Chicoutimi	316														
Gaspé	337	649													
Hull	869	662	1 124												
La Malbaie	273	186	572	596											
Montréal	676	464	930	207	405										
Québec	422	211	700	451	149	253									
Rimouski	93	264	431	736	142	539	312								
Rouyn-Noranda	1 304	831	1 559	536	1 032	638	882	1 167							
Sept-Îles	232	542	567	1 096	503	904	652	325	1 532						
Sherbrooke	662	451	915	347	388	147	240	527	782	886					
Saint-Georges	524	313	818	525	251	334	102	387	961	754	158				
Trois-Rivières	545	367	831	331	304	142	135	442	747	779	158	233			
Joliette	635	422	904	216	363	75	214	520	650	864	218	313	86		
Sorel	631	419	924	281	357	101	208	494	718	860	143	266	82	34	
Sainte-Agathe-des-Monts	755	557	1 019	201	484	103	338	632	537	984	248	437	210	109	201

1. Sorel est à _________________ kilomètres de Sainte-Agathe-des-Monts.
2. Baie-Comeau est à _________________ kilomètres de Sherbrooke.
3. Hull est à _________________ kilomètres de Sorel.
4. Montréal est à _________________ kilomètres de Sept-Îles.
5. La Malbaie est à _________________ kilomètres de Joliette.
6. Chicoutimi est à _________________ kilomètres de Sherbrooke.
7. Québec est à _________________ kilomètres de Trois-Rivières.
8. Baie-Comeau est à _________________ kilomètres de Montréal.

Intégration et perspectives

A. Et vous? *A reporter from a French-Canadian magazine is interviewing college students about what they do on vacation. How would you answer the reporter's questions?*

1. Qu'est-ce que vous allez faire pendant vos prochaines vacances, rester ici ou voyager?
   Je vais voyager. Je vais rester ici.
2. Est-ce que vous allez voyager seul(e), avec des amis, ou avec votre famille?
   Je vais voyager avec mes amis.
3. Quels pays est-ce que vous désirez visiter un jour?
   Je desire visiter Paris un jour.
4. Quels monuments ou quelles villes est-ce que vous désirez visiter?
   Je désire visiter le palais, les musées, les monuments
5. Quand vous voyagez, est-ce que vous préférez aller à un hôtel ou faire du camping?
   Quand je voyage, je préfère aller à l'hôte
6. Comment est-ce que vous préférez voyager, en train, en voiture ou en avion?
   Je préfère voyage en avion.
7. En quel(s) mois est-ce que vous préférez voyager?
   Je préfère voyager en Août

B. Activités. *Imagine that some French friends are coming to spend a week in your city and that you are going to show them around. Where will you go each day and what will you do?*

MODÈLE **Lundi, nous allons visiter le campus et manger au restaurant universitaire.**

____

____

____

____

____

____

____

____

C. *Carte postale.* *Imagine that you are on vacation in Egypt. Using ideas from the following ad and vocabulary you know, write a message in French to a friend describing your impressions and activities.*

____

____

____

____

____

5000 ans d'histoire, de fabuleux temples le long du Nil, des paysages de rêve, Karnak, le Sphinx, Abu Simbel, le désert immense... un pays fascinant.

REV'ÉGYPTE

C'est la découverte du pays des Pharaons à bord de 6 navires modernes.
C'est le séjour détente, le circuit archéologique ou la croisière conférence de haut niveau.
C'est 14 ans d'expérience sur le terrain.
C'est un grand spécialiste de l'Égypte sur le plan mondial.
C'est une brochure de 40 pages en couleur que vous pouvez vous procurer dans plus de 2000 agences de voyages agréées dans toute la France.

Rêv'Vacances
vivez vos rêves

Licence d'État 431 A

L'ÉGYPTE ANTIQUE
10 jours
Circuit archéologique — **8.350 F***

GRANDE CROISIÈRE SUR LE NIL
11 jours — **9.700 F***

LA FABULEUSE VALLÉE DU NIL
15 jours
(Croisière de Minieh à Assouan) — **13.900 F***

* Quelques exemples de prix minima valables à certaines dates de départ

BON A DÉCOUPER et à envoyer au "COMPTOIR DE L'ÉGYPTE", Supermarché Vacances 46, bd de Sébastopol, 75003 Paris.
J'ai l'intention de me rendre en Égypte. Je désire recevoir la brochure REV'ÉGYPTE, sans engagement de ma part.

Nom ______________________
Adresse ______________________
Code Postal __________ Ville __________

NOM ______________________ DATE ______________ CLASSE ______________

CHAPITRE 5

La nourriture et les repas

PARTIE ÉCRITE

Mise en train

A. Préférences. *Name at least two foods that the following people like or dislike.*

1. Les jeunes Américains adorent les sandwichs, les frites, les hot-dogs les pizzas, le poulet
2. Mes amis végétariens n'aiment pas le bifsteck, les hot-dogs, le poulet
3. Moi, je déteste ______________________

   mais j'aime le poulet, le bifsteck et les crevetes
4. En général, les Américains n'aiment pas beaucoup spinach epinards,
5. Les enfants adorent sweets.

   mais ils détestent legumes.
6. Les Français aiment le pain.
7. Les étudiants aiment les fruits, omelette

B. *On fait le marché.* *You're grocery shopping with some French friends. Write what you would say in French to convey the following information.*

1. Find out if your friends prefer chicken or beef.
   Est-ce que tu préfères le poulet ou le bifteak? (bœuf?)
2. Tell what kind of meat you like.
   J'aime le poulet.
3. Find out if they usually go to the butcher shop on Tuesdays.
   Est-ce que vous allez souvent à la boucherie le mardi?
4. Tell your friends what vegetables you like.
   J'aime les petits pois, les carottes, les pommes de terre.
5. Ask if the peaches are good.
   Est-ce que les pêches sont bonnes?
6. Ask your friends where the milk is.
   Où est le lait?
7. Say that the strawberries are very small.
   les fraises sont très petites

Les adjectifs démonstratifs

A. *Au marché.* *Monique is looking at some produce at an outdoor market. Fill in the blanks in the conversation below with the appropriate demonstrative adjectives.*

LE MARCHAND — Qu'est-ce que vous désirez, Madame?

MONIQUE — Je voudrais acheter __des__ haricots verts, __les__ carottes, __le__ melon, et __les__ oignons. Est-ce que vos tomates sont bonnes?

LE MARCHAND — Oui, __les__ tomates sont bien mûres.

MONIQUE — Et vos fruits?

LE MARCHAND — __les__ poires et __les__ cerises sont excellentes.

MONIQUE — Et vos oranges, elles sont comment?

LE MARCHAND — Regardez __les__ orange; est-ce qu'elle n'a pas l'air bonne?

NOM ______________________ DATE ____________ CLASSE ____________

B. Critiques. *Monsieur Bongoût rarely finds anything to his liking. Using the cues provided and following the model, re-create his statements.*

MODÈLE voiture (trop petite / trop grande)
Cette voiture-ci est trop petite et cette voiture-là est trop grande.

1. quartier (trop vieux / pas très tranquille)
____

2. femme (trop impulsive / pas assez indépendante)
____

3. hommes (pas assez honnêtes / trop impatients)
____

4. hôtel (pas confortable / trop petit)
____

5. film (pas intéressant / trop sérieux)
____

6. enfants (embêtants / pas très intelligents)
____

7. maisons (trop vieilles / trop modernes)
____

8. livre (trop ennuyeux / trop long)
____

9. appartement (pas assez moderne / trop grand)
____

10. affiche (pas belle / trop petite)
____

Le partitif

A. Au supermarché. *The cashier at* ***Carrefour*** *is ringing up the purchases of Renée and Armand Perrier. Based on the following illustration, indicate what they are going to buy.*

Les Perrier vont acheter les carottes, le boeuf, le vin, le lait, les bananas, fromages, cafe,

B. La cuisine française. *What do you know about French cuisine? Reconstruct the following sentences to tell what ingredients are, and are not, in various French dishes.*

MODÈLE Dans le bœuf bourguignon: vin (oui), oignons (oui), pommes de terre (non)
Dans le bœuf bourguignon, il y a du vin et des oignons, mais il n'y a pas de pommes de terre.

1. Dans la quiche lorraine: jambon (oui), œufs (oui), vin (non), sucre (non)
   Dans la quiche Lorraine, il y a du jambon et des oeufx, mais il n'y a pax de sucre. de vin

2. Dans la salade niçoise: tomates (oui), haricots (oui), fruits (non)
   Dans la salade niçoise il y a des tomatex et des haricots, mais il n'y a pax de fruits

3. Dans la fondue suisse: fromage (oui), vin (oui), viande (non)
   Dans la fondue suisse il y du fromage et du vin, mais il n'y a pax de viande.

NOM ______________________ DATE ______________ CLASSE ______________

4. Dans le pain français: eau (oui), lait (non), œufs (non)

Dans le pain français il y a de l'eau, mais il n'y a pas de lait et d'œufs.

5. Dans la bouillabaisse: poisson (oui), tomates (oui), oignons (oui), pommes de terre (non)

Dans la bouillabaisse il y a du poisson ~~et~~ des tomates, et des pommes des oignons mais il n'y a pas de pommes de terre.

6. Dans les crêpes: œufs (oui), lait (oui), poivre (non)

Dans les crêpes il y a des oefs et du lait mais il n'y a pas du poivre

C. Au restaurant. *Jacques is sitting in a restaurant looking at the menu. The waiter is trying to take his order. Fill in the blanks in their conversation with the correct definite, indefinite, or partitive articles.*

LE GARÇON	Au menu, il y a ______________ poulet avec ______________ haricots verts.
JACQUES	Oh, je déteste ______________ haricots verts. Est-ce que vous avez ______________ petits pois et ______________ pommes de terre?
LE GARÇON	Nous avons ______________ pommes de terre mais nous n'avons pas ______________ petits pois.
JACQUES	Alors, je vais prendre ______________ poisson et ______________ salade et je vais boire ______________ eau minérale et ______________ vin.
LE GARÇON	Vous aimez ______________ pêches?
JACQUES	Non, je préfère ______________ pommes et ______________ cerises.

D. Venez dîner chez nous. *You've invited some friends to your home for dinner, and you want to find out about their tastes before planning your menu. Write at least six questions to find out what foods they like, what they eat, what they buy, and so on. Be sure to use partitive, definite, and indefinite articles correctly.*

____

____

____

____

____

____

____

Le verbe *prendre* et le verbe *boire*

A. Apprentis-cuisiniers. *Marc and his wife Élise are apprentice cooks in a Parisian restaurant. Marc is describing his work. Complete what he says by giving the appropriate forms of the following verbs:* ***apprendre, comprendre, prendre.***

Ma femme et moi, nous sommes apprentis-cuisiniers. Nous ____________________ des leçons dans un grand restaurant parisien. C'est passionnant, mais ce n'est pas facile. Nous travaillons beaucoup pour ____________________ notre métier (*profession*). Notre patron (*boss*) est un homme qui adore faire la cuisine, mais il ne ____________________ pas toujours les gens qui ont beaucoup à ____________________. Cette semaine, j(e) ____________________ à faire des hors-d'œuvre. Élise ____________________ à faire des sauces. Nous ____________________ tous des choses différentes. Certains ____________________ comment préparer les viandes; d'autres ____________________ à préparer les spécialités de la maison. Nous avons des clients de différents pays et ça aide (*helps*) quand on ____________________ une langue étrangère. Élise et moi, nous ____________________ l'anglais. Un des employés ____________________ des leçons d'espagnol et deux de nos amis ____________________ l'allemand.

B. Habitudes. *Roxanne is telling an American friend what French people like to drink at different times. Complete Roxanne's statements using the correct forms of the verb* ***boire.***

Tu es curieux de savoir si les Français ____________________ souvent du vin. C'est vrai que les Français aiment bien ____________________ du vin. En général, on ____________________ du vin blanc avec le poisson et du vin rouge (*red*) avec les viandes rouges. Aux États-Unis, vous ____________________ des cocktails, n'est-ce pas? En France, on ____________________ rarement des cocktails, mais il y a des gens qui ____________________ un apéritif avant (*before*) le dîner ou un digestif après—pour aider la digestion, bien sûr! Il y a d'autres boissons qui sont importantes dans la vie de tous les jours. Par exemple, les enfants ____________________ souvent du lait ou du jus de fruit avec leurs repas. Moi, je ____________________ surtout de l'eau minérale ou du jus de fruit. Quand il rentre (*returns*) de son travail, mon père ____________________ quelquefois un petit verre de vin au café avec ses amis. Le dimanche nous ____________________ quelquefois du cognac après le dîner. Mais toi, qu'est-ce que tu ____________________?

NOM ____________ DATE ________ CLASSE ________

C. Un bon dîner. *You have been invited by some French friends to eat in one of their favorite restaurants. Look at the menu below. How would you answer your friends' questions?*

1. Est-ce que vous allez prendre de la soupe?

____

2. Est-ce que vous allez boire du vin avec votre repas?

____

3. Qu'est-ce que vous prenez comme viande? Leur rôti de porc a l'air excellent.

____

4. Et comme légumes, qu'est-ce que vous prenez?

____

5. Est-ce que vous allez prendre de la salade?

____

6. Qu'est-ce que vous prenez comme dessert? Je recommande leurs glaces et leur tarte aux poires.

____

7. Est-ce que vous désirez du café après le repas?

____

Intégration et perspectives

A. Au restaurant. *You are having dinner with some friends at a restaurant in Lyon. Write what you would say in French to tell or find out the following information.*

1. Tell what you drink with your meals. Ask your friends what they generally drink.

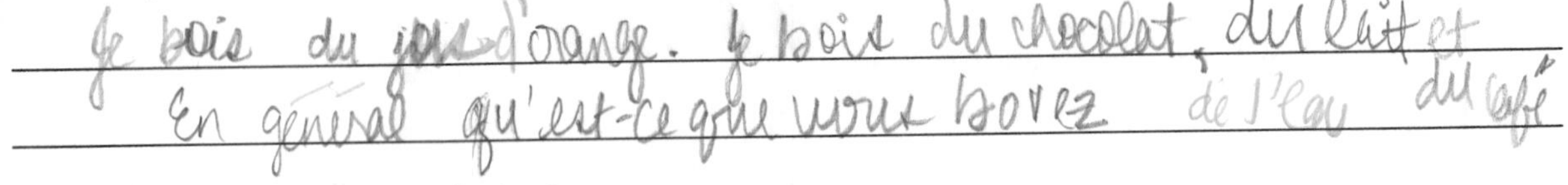

2. Find out what kind of meat they're having.

Quelle sorte de viande est-ce que vous prenez?

3. Say that you're having veal this evening, and ask if it's generally good here.

Je prends du veau ce soir. En général, est-ce que c'est bon ici.

4. Say that you like vegetables very much, and that you're going to have peas and carrots.

J'aime les légumes beaucoup, je vais prendre des petits pois et des carottes.

5. Tell your friends that you don't understand this waiter (*le serveur*) very well.

Je ne comprends pas bien ce serveur.

6. Find out if French people sometimes drink milk with their meals.

Est-ce que les Français boit du lait avec mon repas

7. Say that you aren't having any dessert, but that you would like to have a cup of coffee after dinner.

Je ne prends pas de dessert, mais je voudrais avoir une tasse de café après le dîner.

B. Recommandation. *Some French friends visiting your town have asked you to recommend a restaurant. Choose a restaurant that you like and answer their questions about it.*

VOS AMIS	Est-ce que c'est un nouveau restaurant?
VOUS	______________________________________
VOS AMIS	Combien coûte un repas typique dans ce restaurant?
VOUS	______________________________________
VOS AMIS	Quelles sont les spécialités de ce restaurant?
VOUS	______________________________________
VOS AMIS	Est-ce qu'il y a une bonne sélection de vins?
VOUS	______________________________________
VOS AMIS	Est-ce qu'il y a des employés qui comprennent le français?
VOUS	______________________________________
VOS AMIS	Quand vous mangez dans ce restaurant, qu'est-ce que vous prenez comme viande, comme salade et comme dessert?
VOUS	______________________________________

C. Où est-ce qu'on va manger? *You and your friends are in Paris and have decided to go out for dinner. Look at the restaurant ads below and pick out the ones that interest you most and least. Using vocabulary you know, try to get your friends to agree with your choices. The following expressions might be useful as you make your decision.*

Côté positif: C'est une bonne idée, j'aime beaucoup la cuisine ______ (italienne, etc.); Ça a l'air bon (sympa, etc.); ça ne coûte pas trop cher.

Côté négatif: Ça va, mais je préfère la cuisine ______ (italienne, etc.); ça coûte trop cher; ça n'a pas l'air sympa.

D. Qu'est-ce qu'on va acheter? *In the space provided, prepare shopping lists for each of the following situations:*

1. vos provisions habituelles pour la semaine

2. un repas typiquement américain pour des amis étrangers

3. un pique-nique à la campagne

NOM ______________________ DATE ____________ CLASSE ____________

CHAPITRE 6

La vie quotidienne: logement et activités

PARTIE ÉCRITE

Mise en train

A. Identification. *Identify each of the numbered buildings or structures on the map.*

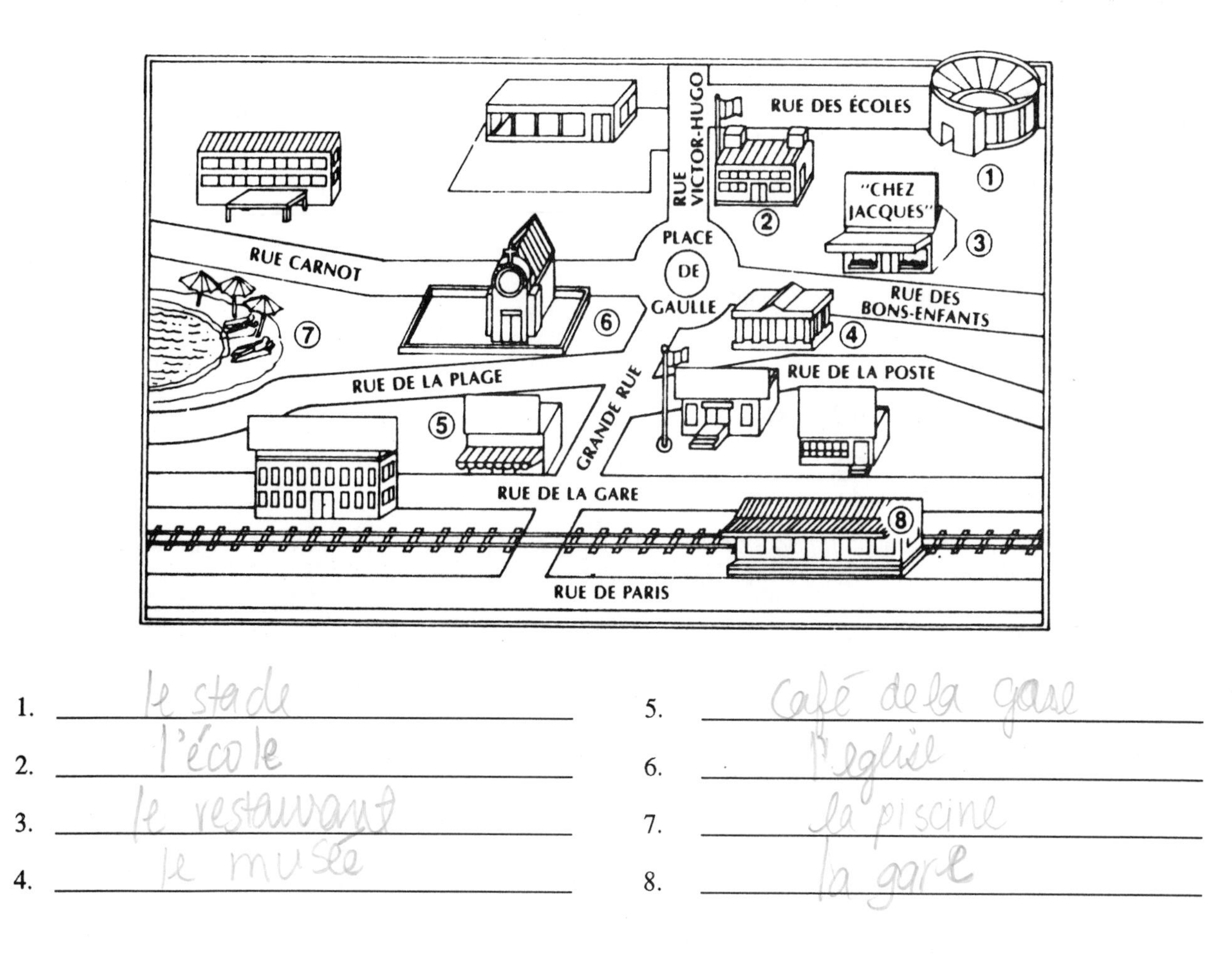

1. le stade
2. l'école
3. le restaurant
4. le musée
5. café de la gare
6. l'église
7. la piscine
8. la gare

B. Le campus. *Marie-Claire wants to know where different buildings in the university area are located. Write what you would say in French to convey the following information.*

Tell Marie-Claire that…

1. the student restaurant is near the library.

   le restaurant universitaire est près de la bibliothèque

2. the stadium is far from the bookstore.

   l estade est loin de la librairie

3. there is a new restaurant across from the subway stop.

   il y a un nouveau restaurant en face de la station de metro. (de l'arret)

4. the pool is too far from your dorm.

   la piscine est trè (trop) loin de ta votre residence.

5. the bus stop is in front of the bank.

   L'arrêt d'autobus est devant la banque.

6. you often go to the little café across from the park.

   Je vais au petit café en face du parc

   Vous allez souvent au petit café en face du parc.

7. there isn't a parking lot behind the library.

   il n'ai y pas du parking

8. there is a bakery between the department store and the pharmacy.

   il y a une boulangerie entre le magasin et la pharmacie.

9. your favorite movie theater is next to the church.

10. the post office isn't far from the hospital.

    la poste n'est pas loin de l'hôpital.

C. Où est...? *While you are sitting on a park bench in the* ***Place Carnot****, different people ask you for directions. Use the map below to tell them how to get to these places.*

Modèle Où est la Librairie Larousse, s'il vous plaît?

Prenez la rue de l'Université. Tournez à gauche. La Librairie Larousse est en face de l'église St-Jacques.

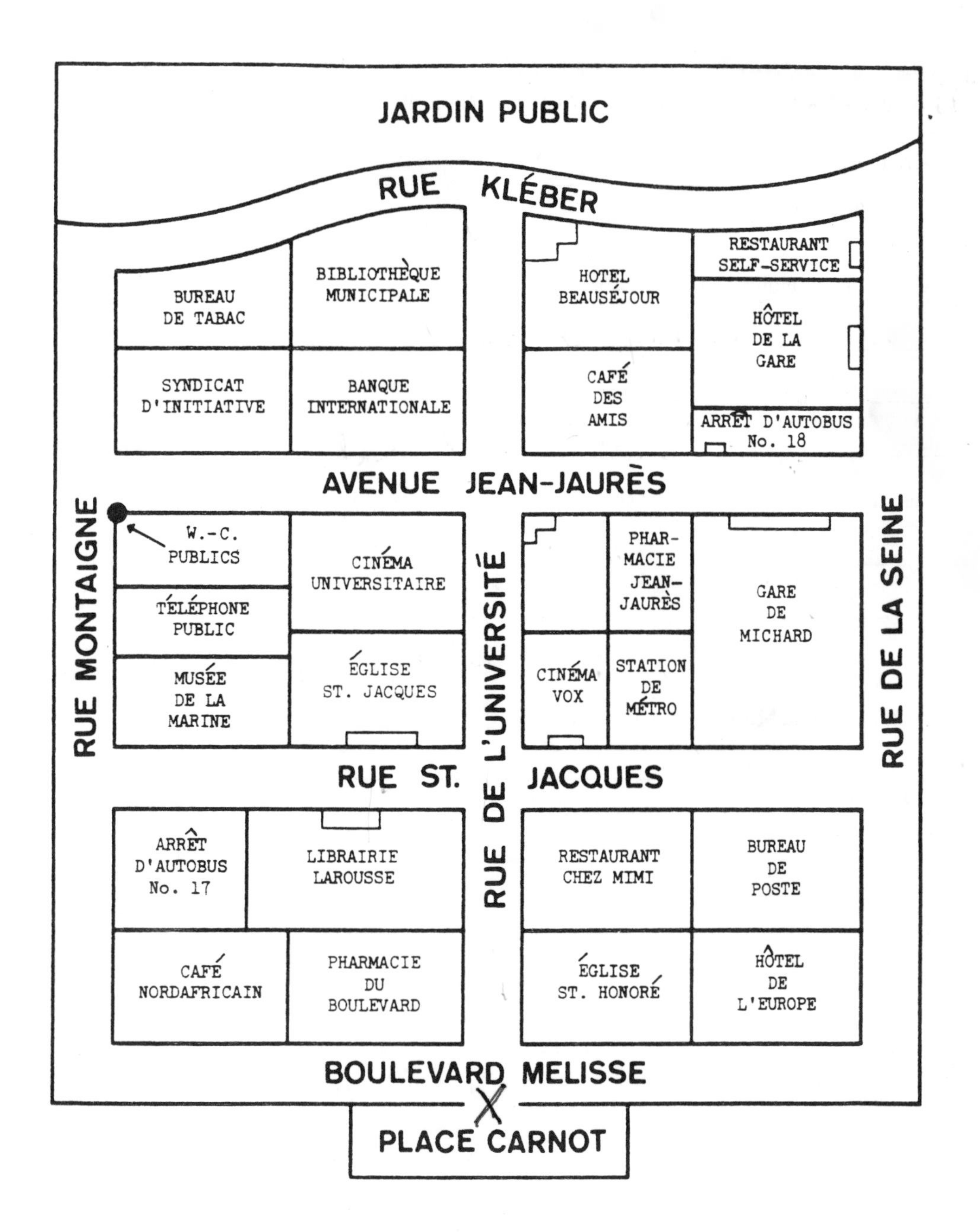

1. Où est l'arrêt d'autobus numéro dix-huit?

Prenez la rue de l'université. Allez tout droit et tournez a droite avenue Jean-Jaurès. L'arret D'autobus dix huit est en face de gare de Michard.

2. Je cherche le cinéma Vox. Est-ce que c'est loin d'ici? ce ne pas loin

Prenez la rue de l'université. Tournez à droite rue St. Jacques. le cinéma Vox est en face de Restaurant Chez mimi

3. Est-ce qu'il y a une bibliothèque près d'ici?

la bibliothèque est loin d'ici. Allez tout droit. Tournez à gauche. la bibliothèque est au coin de la rue Kleber

4. Nous cherchons un hôtel près de la gare.

Prenez la rue de l'université. allez tout droit a la rue Jean-Jaures. Tournez a droite et tournez à gauche rue de la seine.

5. Où est le Musée de la Marine, s'il vous plaît?

____

____

____

6. Je voudrais prendre le métro. Est-ce qu'il y a une station de métro près d'ici?

____

____

____

Le verbe *faire*

A. Occupations. *Monsieur Lambert is telling a friend about the activities of members of his family. Complete his statements by filling in the blanks with the appropriate forms of the verb* ***faire****.*

1. Ma femme et moi, nous faisons une promenade chaque matin.
2. Les enfants font leurs devoirs, mais il n'aiment pas ~~font~~ faire leur chambre!
3. Nous faisons du sport en famille.
4. Je ne fais pas souvent la cuisine. D'habitude, c'est ma femme qui (elle) fait la cuisine, et ce sont les enfants qui font la vaisselle.

5. Le mois prochain, je vais ___fais___ du camping avec mes enfants.

6. Et vous, qu'est-ce que vous ___faites___ pendant les week-ends?

B. Questions. *Using the expressions with* ***faire*** *that you have learned and vocabulary you know, write at least six questions that you might ask a French person about family interests and activities.*

MODÈLES **Votre famille et vous, est-ce que vous faites le ménage ensemble?**
Est-ce que les Français font leurs courses tous les jours?

____

____

____

____

____

____

____

____

C. Qu'est-ce qu'on fait? *Using vocabulary you know, write at least five sentences telling who does what chores or activities in your family (or in your apartment or dorm) and when these things are done. You may want to use the* ***situation*** *on p. 124 of your text as a guide.*

MODÈLES **Mes camarades de chambre et moi, nous faisons le marché ensemble le samedi matin.**
J'aime bien faire une promenade après le dîner parce que le quartier où j'habite est très beau.

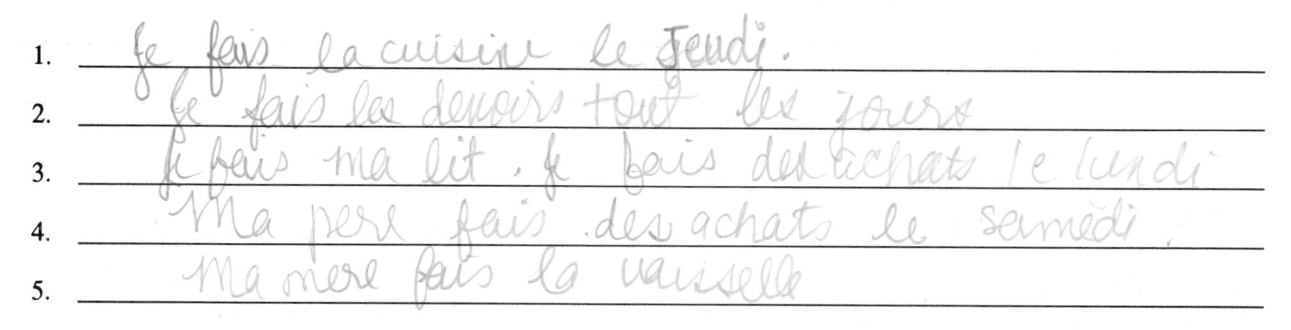

Les questions par inversion et les mots interrogatifs

A. Le week-end. *André is asking questions about what various people are doing this weekend. Use the cues provided to give André's questions.*

MODÈLE **Où / vous / aller ce week-end?**
Où allez-vous ce week-end?

1. Monique / rester à la maison?

2. Eric et Robert / faire du sport avec leurs amis?

3. Pourquoi / vous / avoir l'air fatigué?

4. Quand / Paul / prendre le train pour Lyon?

5. Quand / les enfants / aller faire leur chambre?

6. Comment / tu / trouver ta nouvelle voiture?

7. Sophie / désirer aller au cinéma?

8. Que / tu / faire samedi soir?

9. Jacqueline / passer le week-end à étudier pour un examen?

10. Marianne / aller au concert avec Henri?

B. Dialogue. *While traveling in Quebec, Lucien Leroux asked a policeman several questions. Based on the policeman's answers, write the questions that Lucien might have asked. Use inversion in each question.*

MODÈLE Lucien: La banque est-elle près d'ici?
L'agent: Oui, la banque est près d'ici.

1. **LUCIEN:** ______________________________?

   L'AGENT: Oui, c'est un restaurant français.

2. **LUCIEN:** ______________________________

   ______________________________?

   L'AGENT: Oui, les touristes étrangers trouvent notre région très agréable.

3. **Lucien:** ____

____?

L'agent: Il y a trois restaurants italiens dans ce quartier.

4. **Lucien:** ____?

L'agent: On parle anglais et français dans les magasins.

5. **Lucien:** ____?

L'agent: Oui, il y a un arrêt d'autobus près de la gare.

6. **Lucien:** ____?

L'agent: Oui, bien sûr, les touristes aiment visiter notre région!

7. **Lucien:** ____?

L'agent: Non, je ne comprends pas toujours les questions des touristes.

8. **Lucien:** ____?

L'agent: Non, le bureau de poste n'est pas loin d'ici.

C. En taxi. *While you are riding in a cab in Monaco, you ask the driver different questions. Write the questions using inversion that you would ask to find out the following information.*

Find out:

1. what tourists generally do here

   Que font-ils en général ici?

2. why he likes his job

   Pourquoi [illegible] travaille?

3. if he understands English

   Comprends-vous l'anglais?

4. if American tourists are generally nice

   les touristes sont-ils sympathiques?

5. where he prefers to eat

   Où préférez-vous manger?

6. if the Hôtel Mirabeau is a good hotel

   Est-il [illegible] bon hôtel

7. if the beach is near here

Est-elle près d'ici?

8. if the city of Cannes is far from Monaco

Cannes est loin de Monaco?

Les nombres supérieurs à 1 000 et les nombres ordinaux

A. Course de bicyclette. *Below are the results of* ***Le Grand prix de la santé****, a bicycle race run in Martinique, as reported in the newspaper* ***France-Antilles****. Tell how the racers indicated finished.*

MODÈLE Christian Roseau est __dix-huitième__.

CYCLISME

Grand Prix de la Santé

LE CLASSEMENT

1. Paul Charles-Angèle (S.C.) les 107kms en 2h57'36''
2. Hugues Hierso (U.C.M. à 1''
3. Max Humbert (C.C.F.) à 55''
4. Sylvère Solbiac (P.P.) à 1'17''
5. Patrick Balmy (C.C.G.M.) à 1'17''
6. Jacques Jesbac (C.C.F.) à 1'17''
7. Philippe Augustin (C.C.M.) à 1'23''
8. Alex Martial (C.C.F.) à 1'26''
9. Jeannot Velmont (U.C.C.) à 1'31''
10. Guy Baubant (S.C.) à 1'31''
11. Bernard Londas (E.C.L.) à 1'31''
12. Michel Monthieux (E.C.L.) à 1'31''
13. Victor Nathan (C.C.F.) à 2'08''
14. Robert Carotine (U.C.M.) à 2'42''
15. Jean-Michel Atala (E.C.D.) à 2'45''
16. Alain Argentin (S.C.) à 2'45''
17. Ernest Granomort (V.C.R.) à 2'45''
18. Christian Roseau (U.C.M.) à 2'45''
19. Franck Ephestion (A.S.P.T.T.) à 2'45''
20. Thierry Salomon (P.P.) à 2'45''
21. Richard Jean-Elie (U.C.C.) à 4'50''
22. Joël Grapindor (E.C.L.) à 4'50''
23. Charles Ouisly (C.C.F.) à 5'49''
24. Denis Dintimille (V.C.R.) à 5'55''
25. Daniel Cepisul (E.C.D.) à 5'56''

CYCLISME

1. Christian Roseau est ______________________________.
2. Daniel Cepisul est ______________________________.
3. Victor Nathan est ______________________________.
4. Paul Charles-Angèle est ______________________________.
5. Joël Grapindor est ______________________________.

6. Alex Martial est ______________________________.
7. Max Humbert est ______________________________.
8. Alain Argentin est ______________________________.
9. Bernard Londas est ______________________________.
10. Franck Ephestion est ______________________________.

B. Quelques dates célèbres. *In what year did the following events take place? Write out the years in words.*

MODÈLE la mort de Jeanne d'Arc à Rouen (1431)
mille quatre cent trente et un

1. la bataille d'Hastings (1066)
mille soixante-six

Paris-Building

2. la fondation de la Sorbonne (1275)
mille deux cent soixante quinze

3. la découverte de l'Amérique par Christophe Colomb (1492)
mille quattre cent quatre-vingt-douze.

4. la défaite de l'Armada (1588)
mille cinq cent quatre-vingt-huit

5. le débarquement du Mayflower en Amérique (1620)
mille six cent vingt

6. la prise de la Bastille (1789)
mille sept cent quatre-vingt-neuf.

7. l'alunissage (*moon landing*) de Neil Armstrong (1969)
mille neuf cent soixante- neuf.

8. le centenaire de la Statue de la Liberté (1986)
mille neuf cent quatre-vingt-six

9. le bicentenaire de la Révolution française (1989)
mille neuf cent quatre-vingt-neuf.

10. la naissance de Charles de Gaulle (1890)
mille huit cent quatre-vingt

C. Les super-riches. *The woman's magazine* ***Marie-Claire*** *offered a spoof on the rising cost of living for the super rich. Write out in full the prices for the items below.*

1. Monnaie (*coin*) ancienne Louis XIII d'une extrême rareté. Vendue (*sold*) à un particulier 42 000 F en 1962, aujourd'hui estimée à 1 000 000 F.

2. 255 kg de caviar Beluga à 3 920 F le kg.

3. Vingt-huit nuits au Ritz à 34 638 F la nuit.

4. Un secrétaire (*writing desk*) Louis XVI, 995 700 F.

5. Dans le quartier du Marais, à Paris, 85 m². 12 000 F le m² pour un bel immeuble.

6. La Silver Spirit de Rolls Royce est à vous pour 909 000 F. Mais pour une Silver Spur, il faut compter 1 048 000 F.

7. Ouverture (*opening*) d'une boutique en franchise: 500 000 F.

8. Une soirée pour sept cents personnes au château de Versailles loué pour l'occasion: 900 000 F.

Intégration et perspectives

A. Un(e) Américain(e) à Paris. *Imagine that you are in Paris and want to find out the following information. In the spaces provided, give the French equivalents of the following sentences.*

1. Is the bank across from the bookstore?

   y-a-t-il un banque en face de la librairie!

2. Is there a small hotel near the railroad station?

   ~~y-a-t-il hotel près de gare?~~ petite

   Y-A-t il un petit hotel près de la gare.

3. We're looking for a good little café.
Nous cherchons un bon petit café?

4. Is the post office far from here?
Le bureau de poste est-elle loin d'ici?

5. Is this the Hôtel de Crillon?
Est-ce l'hôtel de Crillon.

6. Is the subway station behind the church?
La station de métro, est-elle derrière l'église?

7. I would like to go shopping. Where is there a department store?
Je voudrais faire des achats.
Où est le centre commercial? le magasin.

8. We're going to the hospital. Do we turn right at the third street or at the fourth street?
Nous allons à l'hôpital. Est-ce que nous tournons à droite
à la troisième ou à la quatrième rue?

B. Où habitez-vous? *Write six or more sentences telling a French friend where you live in your town, and what the advangtages and disadvantages are of living there (proximity to bus stop, university; number of shops, activities; etc.).*

l'arret d'autobus est au coin—corner.

MODÈLE **J'habite dans un beau quartier. J'ai des voisins sympathiques. Mais l'arrêt d'autobus est trop loin de chez moi, et il n'y a pas de bons magasins.**

J'habite dans un beau quartier. J'habite in Bayside.
Mes amis sont très sympathiques. L'arrêt, l'autobus
le train, L'université et les magasins sont très près
de la ma maison.

CHAPITRE 7

Le temps passe

PARTIE ÉCRITE

Mise en train

A. Comparaisons. *You and some French friends are comparing your TV viewing habits and interests. Write what you would say in French to convey the following information.*

1. Find out what programs your friends find interesting.

   Quelles émissions trouvez-vous interessantes?

2. Tell what your favorite program is, then briefly describe it.

   J'adore les vidéoclips. Mon émission préféré est "Tom et Jerry"

3. Tell what kinds of programs you like best, and why.

   J'aime beaucoup les films comiques et les informations. Je trouve ça interessant parce que c'est amusant

4. Find out if your friends watch American programs.

   Regardez vous les émissions américaines

5. Ask them when they watch TV.

   Quand regardez-vous la télé? la t.v.

6. Tell who your favorite actor or actress is.

   Mon acteur préféré est Kirk Douglas.

7. Tell your friends which shows are "losers," and why.

   les Feuilletons, les jeux televises sont bête un navet

B. *Qu'est-ce qu'il y a à la télé?* *Some French friends have asked you to talk about various types of American TV programs. Which five programs would you or would you not recommend to them, and why?*

MODÈLE **À mon avis, *LA Law* est une bonne série. C'est une émission à ne pas manquer.**

1. ______________________________
____

2. ______________________________
____

3. ______________________________
____

4. ______________________________
____

5. ______________________________
____

L'heure

A. *Heures de travail.* *Some students are talking about their part-time jobs. Using the cues provided and following the model, tell how long each works on a daily basis.*

MODÈLE je (8:00 A.M. – 1:00 P.M.)
Je travaille de huit heures du matin à une heure de l'après-midi.

1. Paul (3:00 P.M. - 7:30 P.M.)
Paul travaille de trois heures de l'après-midi à sept heures ~~et~~ demie soir.

2. Roger et Jean-Luc (1:00 A.M. – 5:30 A.M.)
Ils travaillent de une heure du matin à cinq heures et demie du matin

3. tu (12:30 P.M. – 2:30 A.M.)
Tu travailles de midi et demi à deux heures et demie du matin.

4. nous (8:30 P.M. – 2:30 A.M.)
Nous travaillons de huit heures et demie du soir à deux heures et demie du matin

NOM ______________________ DATE ____________ CLASSE ____________

5. tu / parler au téléphone avec tes parents

tu as parlé au téléphone avec tes parents.

6. Roger / avoir des difficultés avec sa voiture

Roger a eu des difficultés avec sa voiture

B. Qu'est-ce qui ne va pas? *Édouard gets easily upset or worried when people he knows suddenly change their daily habits. Write the questions he asks by giving the* ***passé composé*** *of each of the following sentences.*

MODÈLE En général, le soir, tu regardes les informations.
Alors, pourquoi est-ce que tu n'as pas regardé les informations hier?

1. Souvent Mireille et vous, vous buvez de l'eau minérale avec vos repas.

2. Après le dîner, Paul et moi, nous faisons la vaisselle ensemble.

3. D'habitude, Micheline travaille de 9 heures à 5 heures.

4. En général, les enfants sont très gentils.

5. D'habitude, Véronique et André dînent à sept heures et demie.

6. Souvent, les Lejeune dînent au restaurant.

7. D'habitude, tu as le temps de travailler.

8. Souvent, vous faites le marché à *Carrefour*.

____

____

C. Le week-end dernier. *Write five or more sentences in the* ***passé composé*** *telling what you and your friends did or didn't do last weekend. Use a different verb in each sentence (do not use* ***aller, rester, rentrer****, or* ***arriver****).*

____

____

____

____

____

____

____

____

Choisir et les verbes de la deuxième conjugaison

A. Retravailler. *In France an organization called* ***Retravailler*** *has been created to help women re-enter the work force after raising a family. The following statements were made at a recent meeting. Fill in the blanks in the statements with the appropriate form and tense of the following verbs:* ***accomplir, choisir, finir, grandir, obéir, réussir.***

1. Pendant notre dernière réunion, nous ____________ des choses importantes, n'est-ce pas?
2. Les enfants ____________ si vite (*quickly*) de nos jours devant la télé.
3. Les femmes ne ____________ pas toujours à trouver le temps de faire du sport pendant la semaine.
4. ____________ une bonne gardienne d'enfants n'est pas une chose facile. Il y a des enfants qui n(e) ____________ pas à leurs parents.
5. Les femmes qui désirent retravailler ____________ souvent un travail qui laisse du temps libre pour la famille.
6. Je suis sûre que vous allez ____________ à trouver du travail.
7. Je ____________ mon travail au bureau à cinq heures du soir, mais en réalité ma journée de travail ne ____________ pas avant dix heures.

B. Choix d'une université. *Answer the following questions about your choice of a college or university.*

1. Pourquoi avez-vous choisi cette université?

   J'ai choisis cette univiersitté parce que est fermer à ma maison.

2. Êtes-vous content(e) des choses que vous avez accomplies ce trimestre?

   Oui, je suis contente des choses que j'ai accomplies ce trimestre.

3. Qu'est-ce que vous désirez accomplir l'année prochaine?

   Je desiré accomplir mes etudies l'anée prochaine.

4. Êtes-vous content(e) du programme d'études que vous avez choisi? Pourquoi ou pourquoi pas?

   Oui je suis contente du programme d'etudes que j'ai chosis. Parce que est travailles avec le gens.

5. En général, réussissez-vous bien dans vos études? Pourquoi ou pourquoi pas?

   Oui je réussisis bien dans ma etudes parce que je étudie souvent/beaucoup.

6. Quand allez-vous finir vos études et qu'est-ce que vous allez faire après?

   Je vais finis ma études l'anée prochaine. Je vais travailler après

Intégration et perspectives

A. Qu'est-ce qu'il y a à la télé? *Imagine that you've been put in charge of a university television station. What programs would you include, and at what time would they be on the air? Describe five or more programs you would present.*

MODÈLE   À huit heures du matin, on va présenter des cours télévisés pour les étudiants qui préfèrent rester à la maison pour étudier.

B. Hier. *Using vocabulary you know, tell what you did yesterday at each of the times given. If you don't know the words for a certain activity, find another way to say what you did.*

9 h ______________________

10 h ______________________

11 h ______________________

12 h ______________________

1 h ______________________

2 h ______________________

3 h ______________________

4 h ______________________

5 h ______________________

6 h ______________________

7 h ______________________

8 h ______________________

C. C'est votre tour. *Imagine that you are a TV script writer. Choose a daytime or evening soap opera and write a story line that you would like to see. Tell what different characters did, what exciting things happened, etc.*

NOM ______________________ DATE ______________ CLASSE ______________

CHAPITRE 8

La pluie et le beau temps

PARTIE ÉCRITE

Mise en train

A. Quel temps fait-il? *Using the following map of Canada, tell what the weather was like yesterday in the cities listed below.*

MODÈLE **À Québec, il a fait du soleil.**

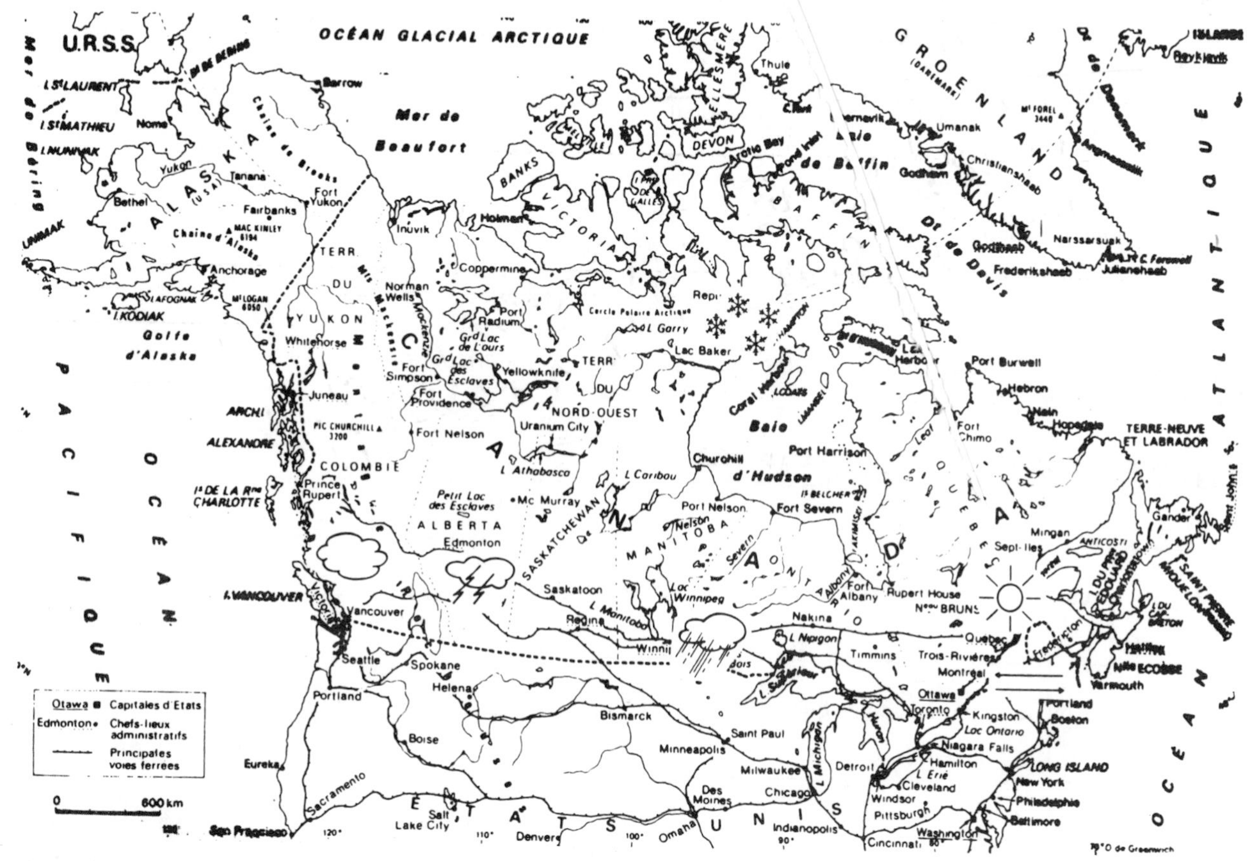

1. À Montréal, ______________________________

2. À Vancouver, ______________________________

3. À Winnipeg, ______________________________

4. À Lac Baker, ______________________________

5. À Edmonton, ______________________________

B. La pluie et le beau temps. *In your opinion, what would be good weather conditions for each of the following situations? Begin each response with* ***j'espère*** *(I hope) and use a different weather expression each time.*

Modèle Je voudrais faire une promenade sur le campus cet après-midi.
J'espère qu'il ne va pas faire trop froid.

1. Nous avons un match de football important la semaine prochaine.
   Nous espérons qu'il ne va pas faire pleut.

2. Je vais passer le week-end à étudier pour mes examens.
   J'espère qu'il va fait mauvais.

3. Mes amis et moi, nous allons faire du ski la semaine prochaine.
   Nous espérons qu'il faire trop froid.

4. J'ai un examen aujourd'hui dans ma classe de sciences.
   J'espère qu'il ne va pas faire neige trop.

5. Je suis fatigué(e) et je voudrais rester à la maison demain.
   J'espère qu'il fait du vent.

6. Nous allons passer nos vacances à la plage.
   Nous espérons qu'il fait chaud, du soleil, et beau temps.

C. Ça dépend du temps qu'il fait. *Referring to your own experience, complete the following sentences with appropriate weather expressions.*

1. Je ne quitte pas la maison quand il fait mauvais.

2. Il y a souvent des accidents quand neige, pleut, il gèle, il fait du brouillard

3. En général, on ne va pas à la plage quand il fait chaud, du soleil, beau temps

NOM ______________________ DATE ______________ CLASSE ______________

4. Je n'aime pas voyager quand fait très froid

5. Je préfère faire des promenades quand il fait du soleil

6. Je fais du sport quand fait beau temp.

7. Les étudiants n'aiment pas aller en classe quand il fait du vent, froid, neige mauvais

8. Je n'aime pas faire du camping quand il pleut.

Les verbes conjugués comme *partir* et comme *venir*

A. À l'aéroport. *Passengers on a flight from Paris to Algiers are getting acquainted and are discussing their vacation or business trips. Using the words and phrases below, re-create their statements.*

MODÈLE d'où / vous / venir / monsieur?
D'où venez-vous, monsieur?

1. moi, je / venir / de Bruxelles
moi je viens de Bruxelles

2. à quelle heure / nous / partir?
à quelle heure nous partons?

3. les avions de cette compagnie / ne jamais partir / à l'heure
les avions de cette compagnie ne partent jamais à l'heure.

4. les touristes / devenir / très impatients quand leur avion est en retard
les touristes deviennent très impatients quand leur avion est en retard

5. nous / venir de / visiter / Versailles
nous venons de visiter Versailles.

6. ma femme et moi, nous / revenir / à Paris tous les ans
ma femme et moi, nous revenons à Paris tout les ans.

B. Dans une agence de voyages. *Imagine that you are working for a travel agency in Montreal and are talking with a group of French tourists. How would you say the following in French?*

1. Have you just arrived in Montreal?

   Est-ce que vous venez de Montreal? (arrivé)

2. If you are going out this evening, there are excellent restaurants and theaters in Montreal.

   ~~vous venez~~
   si vous sortez ce soir, il y a restaurant d'excellent et teatre in Montreal

3. At what time are you leaving Monday morning?

   a quelle heure vous allez lundi matin (partez-vous)

4. We're in the process of choosing a hotel.

   Nous sommes en train de chosir a hotel

5. We just rented a small car.

   Nous venons de loyer une petit voiture

6. People don't understand why their planes leave late.

   Les gens ne comprennent pas pourquoi leux avions partent tard

7. We're going to come back to Montreal next summer.

   Nous allons revenir à Montreal l'ete prochaine.

Le passé composé avec l'auxiliaire *être*

A. Qu'est-ce qu'on a fait? *Different people are talking about what they've done recently. Using the cues provided, tell what they say. Some verbs are conjugated with* ***avoir****, others with* ***être.***

MODÈLE Marcelle / tomber malade / aller chez le médecin
Marcelle est tombée malade, et elle est allée chez le médecin.

1. Moi, je / inviter des amis à dîner / préparer un bon repas

   Moi, j'ai invité des amis à dîner j'ai preparé un bon repas

2. Paul / quitter la maison à 8 h / arriver à son bureau à 8 h 45

   Paul a quitter la maison à 8 h, il est arrivé à son bureau a 8 h 45

3. Nous / aller au centre commmercial / acheter de nouveaux vêtements

   Nous sommes allés au centre commercial, nous avons acheté de nouveaux vêtements

4. Tu / rentrer à la maison / finir tes devoirs

____

5. Vous / sortir ensemble / faire une promenade à vélo dans le parc

____

6. Notre ami / tomber de son vélo / passer l'après-midi à l'hôpital

____

7. Nos cousins / aller au Mexique / revenir la semaine dernière

____

8. Moi, je / trouver une nouvelle librairie / acheter plusieurs livres intéressants

____

9. Les enfants / ne pas obéir / monter dans leur chambre

____

10. Nous / réussir à finir notre travail / aller à la plage

____

B. Bonnes et mauvaises nouvelles. *A newscaster is reporting the day's events on the evening report. Complete her statements with the appropriate verb from those listed below.*

arriver; devenir; monter; mourir; naître; partir; rester; revenir; tomber; venir

1. Deux hommes et une femme ______________ dans un accident d'auto.
2. Le Président et sa femme ______________ d'un voyage en Afrique du Nord.
3. La championne de tennis, Sylvie Martin, ______________ pour Genève où elle va participer aux championnats européens.
4. Selon les statistiques récentes, dix milles touristes étrangers ______________ en France pendant les deux derniers mois.
5. Madame Claire Monet, envoyée spéciale du gouvernement du Québec, ______________ à Paris hier.
6. En général, les prix ______________ stables cette semaine.
7. La valeur du dollar ______________ jusqu'à 7 francs, et puis ______________ jusqu'à 5 francs.
8. Hier soir, avec la performance spectaculaire de Joëlle Chambeau à l'Olympia, une nouvelle étoile (*star*) du music-hall ______________.
9. Les températures ______________ stables pendant la journée, mais il a fait très froid pendant la nuit.
10. Selon les experts, le crime et la violence ______________ des problèmes très sérieux dans le pays.

C. *Allées et venues.* *Answer the following questions about recent activities in your life.*

1. Où êtes-vous allé(e) pendant le week-end? Qu'est-ce que vous avez fait?

   Je suis allé au bureau.

2. Êtes-vous sorti(e) pendant la semaine? Si oui, où êtes-vous allé(e)? Sinon, pourquoi êtes-vous resté(e) à la maison?

   J'ai travaillé / regardé Je suis sortir

3. Êtes-vous arrivé(e) à l'heure à toutes vos classes la semaine dernière? Et les autres étudiants? Et vos professeurs?

4. Êtes-vous allé(e) en classe tous les jours la semaine dernière? Sinon, qu'est-ce que vous avez fait?

5. Êtes-vous revenu(e) à l'université le soir pour étudier à la bibliothèque? Qu'est-ce que vous avez étudié?

   Je suis revenue à l'université le soir pour étudier à la bibliothèque. J'ai étudié les langues

6. Combien de fois êtes-vous allé(e) au cinéma et combien de fois avez-vous regardé la télévision la semaine passée?

   Je suis allé(e) au cinéma | sept fois / une fois
   J'ai regardé la télé cinq fois

7. Êtes-vous allé(e) au restaurant? Si oui, qu'est-ce que vous avez mangé?

   J'ai mangé du poisson

8. Êtes-vous tombé(e) malade récemment (*recently*)? Si oui, êtes-vous allé(e) chez le médecin ou à l'hôpital? Êtes-vous allé(e) en classe comme d'habitude ou êtes-vous resté(e) à la maison?

   Je ne suis pas !
   Je suis tombé(e) malade hier
   Je suis allée en classe

Depuis et autres expressions de temps

A. Au bureau d'immigration. *Tim is an American exchange student in France. He went home to spend Christmas vacation with his family. When he returned to France, an immigration officer asked him the questions below. Using the cues in parentheses, write Tim's answers to the officer's questions.*

1. Depuis combien de temps avez-vous votre passeport? (four years)

   ____

2. Depuis combien de temps étudiez-vous en France? (two years)

   ____

3. Quand avez-vous quitté votre pays? (two days ago)

   ____

4. Quand avez-vous commencé à étudier le français? (five years ago)

   ____

5. Pendant combien de temps allez-vous rester en France après vos études? (three months)

   ____

6. Qu'est-ce que vous désirez faire d'autre (*else*) pendant votre séjour en France? (visit the Côte d'Azur)

   ____

7. Vous êtes déjà allé en Suisse et en Belgique, n'est-ce pas? Pendant combien de temps êtes-vous resté dans chaque pays? (two weeks)

   ____

B. À l'aéroport. *While you wait for your flight you strike up a conversation with a French tourist. Write what you would say in French to convey the following information.*

1. Find out when he arrived at the airport.

   ____

2. Say that you left your house three hours ago, and that you've been here for an hour.

   ____

3. Say that you looked for the parking lot for 15 minutes.

   ____

4. Say that the last plane left 30 minutes ago.

   ____

5. Ask how long he traveled in the United States.

   ____

6. Ask if he went to New York during his trip.

____

7. Tell him how long you've been speaking French, and ask if he understands English.

____

____

Intégration et perspectives

A. Contrastes. *Imagine that you are writing to a friend on Reunion Island who is thinking about spending a year in your area. Compare and contrast these locations, considering each of the following aspects:* ***le climat, la géographie, le paysage, les gens, les activités.***

____

____

____

____

____

____

____

____

____

____

B. Interview. *Your friends are going to introduce you to some French students who have spent a year in the U.S. Write the questions you would ask to find out the information below. Be sure to use inversion.*

1. Find out if Americans have been nice.

est ce que les americains ont été sympathique?

2. Find out if they visited some interesting cities.

Les americains ont-ils étés aimés?

3. Ask them if it is difficult to speak English all the time.

on ils visite

4. Ask them if they went to Walt Disney World.

est-ce que c'est difficile de parler

~~est~~ est-ce que vous etes allez a WDW

Où sont-ils allés?

5. Find out where they went last week.
   Est-ce que ils sont allés

6. Ask them if they prefer American cuisine or French cuisine.
   Preferez-vous la cuisine americaine la cuisine française

7. Ask them if they feel like going to Canada or Mexico.
   Aimez-vous aller au Canada

8. Find out if they have played sports.
   Avez-vous fait du sport.

C. Nouvelles du campus. *Using vocabulary you know and at least six of the following verbs, relate news events that happened (or that might have happened), or relate what has been going on around your campus. Some verbs will require* ***avoir****, others* ***être****, in the* ***passé composé****; be sure to use the present tense with* ***depuis****.*

SUGGESTIONS: **sortir, partir, arriver, faire, aller, revenir, réussir, choisir, finir, oublier, venir**

1. ______________________________

2. ______________________________

3. ______________________________

4. ______________________________

5. ______________________________

6. ______________________________

NOM ______________________ DATE ______________ CLASSE ______________

CHAPITRE 9

Choix et décisions

PARTIE ÉCRITE

Mise en train

A. Interview. *You are going to interview an accountant about her job. Write the questions you would ask in French to find out the following information.*

Find out:

1. why she chose this profession

   ____

2. how long she studied to become an accountant

   ____

3. if accountants sometimes work part time

   ____

4. if she has free time for her family

   ____

5. if she is her own boss

   ____

6. if it is necessary to be strong in math to be an accountant

   ____

7. if she has the opportunity to travel

   ____

B. Professions et attributs. *What are certain professions like? Describe each of the following professions, using ideas from pages 189 to 191 of your book and other ideas of your own. You may discuss advantages or disadvantages, depending on your point of view.*

MODÈLE vétérinaire
Si vous désirez être vétérinaire, il est important d'aimer les animaux! Si on a de l'initiative personnelle, c'est un travail intéressant où on est son propre patron.

1. chercheur (chercheuse) ____________________
2. dentiste ____________________
3. architecte ____________________
4. instituteur (institutrice) ____________________
5. avocat(e) ____________________
6. mécanicien(ne) ____________________
7. cultivateur (cultivatrice) ____________________
8. cadre d'entreprise ____________________

Les verbes *vouloir, pouvoir,* et *devoir*

*A. **Où est la vérité?** Adèle Martin wants to know whether her employees are really unable to do certain things or simply don't want to do them. What does she say?*

MODÈLE Jean et Monique / arriver à l'heure
Est-ce que Jean et Monique ne peuvent pas arriver à l'heure ou est-ce qu'ils ne veulent pas?

1. vous / finir votre travail
____
2. Caroline / comprendre la situation
____
3. tu / aller à ce rendez-vous
____

4. Gilles et Robert / chercher un autre travail

____

5. nous / trouver une solution à notre problème

____

6. ces nouveaux employés / travailler à plein temps

____

B. Interview. *You work in a small company, and you are interviewing a woman for an accounting job. Write what you say in French to convey the following information.*

1. Say that you're late because you had to talk to your engineers.

____

2. Say that you can't find a good accountant.

____

3. Say that your accountant must able to work alone.

____

4. Find out why she wants to work at this company.

____

5. Find out if she can sometimes stay at the office until 7:00, or if she always has to leave on time.

____

6. Find out if she can begin next Friday.

____

7. Find out if there are any questions that she would like to ask.

____

8. Say that you must choose someone this week.

____

C. Obligations, intentions et possibilités. *For each of the situations indicated, tell at least two of the following about yourself or people you know: (1) what you want or don't want to do, (2) what you can or can't do, or (3) what you must or must not do.*

MODÈLE Quand on est malade, **on doit rester à la maison; on peut regarder les feuilletons à la télé chaque après-midi.**

1. Quand il fait mauvais, ____

____

2. Quand j'ai des examens importants, ______________________________

____

3. Quand mes amis n'ont pas d'argent, ______________________________

____

4. Quand les étudiants oublient de faire leurs devoirs ______________________________

____

5. Quand je vais chez des amis, ______________________________

____

6. Quand nous ne comprenons pas nos leçons, ______________________________

____

7. Quand c'est l'été, ______________________________

____

8. Quand on a du temps libre, ______________________________

____

Les pronoms compléments d'objet direct: *le, la, les*

A. Choix d'une camarade de chambre. *Claudine is asking Jeanne some questions to find out how they would get along as roommates. Using the cues provided, re-create Jeanne's answers. Be sure to use the appropriate form of the direct object pronoun in each response.*

Modèle Est-ce que tu aimes la musique? (oui,...beaucoup)
Oui, je l'aime beaucoup.

1. Moi, j'aime la musique classique. Et toi? (moi,...pas beaucoup)

____

2. Est-ce que tu aimes regarder la télévision? (oui,...quelquefois)

____

3. Quel jour est-ce que tu fais tes courses? (le samedi matin)

____

4. D'habitude, est-ce que tu finis ton travail avant minuit? (oui)

____

5. Est-ce que tu fais bien la cuisine? (oui)

____

6. Est-ce que tu va inviter souvent tes amis à dîner? (non)

____

7. As-tu fini tes études? (oui,..l'année dernière)

____

8. Où as-tu fait tes études? (en Suisse)

____

B. Au bureau. *Anne Dupré is asking her secretary questions about their office. Following the model, complete the secretary's answers. Be sure to use a dirct object pronoun in each answer.*

MODÈLE ANNE: Jean a-t-il fini son travail?
ALAIN: **Non, il ne l'a pas fini.**

1. ANNE: Avez-vous préparé les rapports pour notre comptable?

   ALAIN: Oui, ______________________________ ce matin.

2. ANNE: Où avons-nous acheté cette machine à écrire?

   ALAIN: ______________________________ au magasin d'équipement de bureau.

3. ANNE: Les autres secrétaires et vous, avez-vous pris votre leçon d'anglais commercial?

   ALAIN: Oui, ______________________________ à 9 h 30.

4. ANNE: Avez-vous confirmé mon rendez-vous pour cet après-midi?

   ALAIN: Oui, ______________________________.

5. ANNE: Le secrétaire de M. Thibaut a-t-il trouvé les adresses de nos clients de Londres?

   ALAIN: Non, ______________________________.

6. ANNE: Quand les agents publicitaires ont-ils fini notre nouveau programme de publicité?

   ALAIN: ______________________________ la semaine dernière.

Les pronoms compléments d'objet direct: *me, te, nous, vous*

A. Dans une agence de publicité. *Marie-Louise Beaufort, an employee in a Paris advertising agency, is talking to her boss, Madame Lambert. Using the cues provided, re-create her answers to Madame Lambert's questions. Be sure to use the appropriate direct object pronoun in each response.*

MODÈLE Est-ce que Monsieur Laforêt me demande au téléphone? (oui)
Oui, Monsieur Laforêt vous demande au téléphone.

1. Pouvez-vous m'aider à finir cette lettre? (oui)

____

2. À votre avis, est-ce que ces clients vont nous écouter? (non)

____

3. Est-ce que je vous ai invitée à la réception de vendredi soir? (oui)

____

4. Est-ce que j'ai réussi à vous persuader de venir à la réception? (oui)

____

5. Est-ce que je peux vous aider à préparer ces slogans? (oui)

____

6. Est-ce que vous pouvez m'emmener à la gare demain matin? (non)

____

7. À votre avis, est-ce que cette employée va nous quitter? (oui)

____

8. Pouvez-vous finir ce rapport aujourd'hui? (oui)

____

9. Avez-vous trouvé l'adresse de cette cliente? (non)

____

10. Est-ce que ce client nous a payées? (oui)

____

B. Pessimistes. *You are talking to some fellow employees who see the bad side of everything. Using the model as a guide, respond to their questions or comments.*

MODÈLE Notre patron ne <u>nous</u> comprend pas, n'est-ce pas?
Mais si, il nous comprend.

1. Le patron n'apprécie pas <u>notre travail</u>, tu ne penses pas?

____

2. Vous ne comprenez pas <u>ces machines</u>, n'est-ce pas?

____

3. Je n'ai pas compris <u>les questions du patron</u>, n'est-ce pas?

____

4. À mon avis, les avocats ne vont pas nous aider.

____

5. Je ne peux pas expliquer mes idées.

____

6. Le secrétaire n'a pas encore fini mes lettres, n'est-ce pas?

____

7. Ces nouveaux projets ne vous intéressent pas, n'est-ce pas?

____

8. Je pense que le patron ne m'aime pas beaucoup.

____

9. À mon avis il ne va pas nous inviter à participer aux discussions.

____

10. Andrée n'a pas trouvé mon dictionnaire, n'est-ce pas?

____

C. Soyez optimiste! *In the space provided, and using direct object pronouns, write at least six statements that you and people you know might say about good things that are happening or that have happened.*

MODÈLE **Les professeurs veulent nous aider.**

____

____

____

____

____

____

____

____

Intégration et perspectives

A. Choix d'une profession. *Using the questions below as a guide, write about your choice of a future profession.*

Quelle profession avez-vous choisie? Pourquoi avez-vous choisi cette profession? Est-ce que vous avez longtemps réfléchi à votre choix? Qu'est-ce qui compte le plus dans cette profession? Qu'est-ce qu'on doit faire pour réussir dans cette profession? Est-ce un travail où vous pouvez accomplir des choses importantes? Gagner un salaire élevé? Être son propre patron? Avoir la possibilité de promotion? Quand allez-vous finir vos études et quand pouvez-vous commencer à travailler?

___

___

___

___

___

___

___

___

___

___

B. Interview. *You are going to an interview for a job in Quebec, and you have questions about what the job entails. Choose one of the jobs from the ads below; then, in the space provided, write at least six questions you can ask to find out about your responsibilities, working hours, salary, etc. Vary your questions as much as possible.*

Secrétaire/Réceptionniste

Compagnie de transport située dans l'ouest de Montréal (Décarie / Ville-Marie), recherche secrétaire/réceptionniste à temps plein 35 heures semaine.
EXIGENCES:
• Bilingue
• Traitement de texte
• Expérience pertinente
CONDITIONS:
• Selon les compétences
Pour entrevue communiquez avec Mme. Sonia Gauthier au:
514-482-8531

ROTISSERIE ST-HUBERT
LONGUEUIL

Nous recherchons: chef d'équipe, aide-cuisinier(re), caissier(re) pour travail de soir, poste régulier, expérience nécessaire, près du métro, pour entrevue demandez le gérant au 646-4447.

CONCEPT S.G.A. INC.
POSTE PERMANENT

Nouvelle entreprise située à R.D.P. recherche: Serétaire-Réceptionniste, Bilingue, avec expérience, connaissance du logiciel WP-50 un atout et Commis comptable, bilingue, avec expérience, connaissance du logiciel de comptabilité «Avantage». Salaire selon expérience, possibilité d'avancement.
494-3430

RESTAURANT DONINI

Cherchons Serveurs(ses) avec expérience, pour travailler le soir Des cuisiniers(es) pour travailler de jour, avec un peu d'expérience préférable, se présenter au 2949 Sherbrooke est (Centre d'achats Maisonneuve).

AGENTS DE SÉCURITÉ

Pour travail à temps plein. De préférence bilingues et possédant une voiture.
Salaire selon le décret provincial des agents de sécurité.

Se présenter à:
AGENCE DE SÉCURITÉ PHILLIPS
6800, boul. Décarie
Montréal

NOM ______________________ DATE ______________ CLASSE ______________

____

____

____

____

____

____

____

____

VOCABULAIRE:

caissier (caissière) *cashier*
commis (m, f) *clerk*
exigences (f) *requirements*
logiciel (m) *software*
traitement (m) **de texte** *word processing*

PARTIE ORALE

Mise en train

9.1 Quelle est ma profession? *Listen as some people talk about their jobs, and then underline the name of each profession described. You will hear each item twice.*

Modèle You hear: Je travaille au magasin toute la journée.
You underline: **commerçant.**

1. cadre d'entreprise	plombière	psychologue
2. mécanicienne	agent publicitaire	comptable
3. ingénieur	vétérinaire	dentiste
4. avocate	chercheuse	architecte
5. instituteur	ingénieur	médecin
6. infirmière	comptable	secrétaire

Les verbes *vouloir, pouvoir,* et *devoir*

****9.2 Situation: Un petit service.*** *p. 193*

****9.3 Possibilités.*** *p. 195 A*

****9.4 Intentions.*** *p. 195 B*

****9.5 Un travail d'été.*** *p. 196 D*

9.6 Pourquoi pas? *Some people are talking about why they can't do certain things. Jot down what is said about each person below. You will hear each item twice.*

Modèle You hear: Notre patron n'a pas pu parler à ce client aujourd'hui parce qu'il a dû partir en voyage.
You jot down: notre patron: **couldn't speak to client; had to go on a trip**

1. Anne et ses amis: ______________________
2. Micheline: ______________________
3. Moi: ______________________
4. Nous: ______________________
5. Jeanne et Paul: ______________________
6. Jacques: ______________________

Les pronoms compléments d'objet direct: *le, la, les*

9.7 Situation: Travail et famille. *p. 197*

9.8 Compatibilité. *p. 199 A*

9.9 Pense-bête. *p. 199 C*

9.10 Conflits. *Marie Pascal is talking about the conflicts that working mothers face. Listen carefully to each of her statements. If you hear a direct object pronoun, in the space provided write both the pronoun and the noun it refers to. If you don't hear a direct object pronoun, write* ***non*** *in the space provided. You will hear each statement twice.*

MODÈLE You hear: La vie d'une mère qui travaille est souvent compliquée, et je l'ai choisie sans penser à tous les problèmes.
You write: **l', la vie.**

1. ______________________
2. ______________________
3. ______________________
4. ______________________
5. ______________________
6. ______________________
7. ______________________
8. ______________________

Les pronoms compléments d'objet direct: *me, te, nous, vous*

9.11 Situation: Voyage d'affaires. *p. 201*

9.12 Réciprocité. *p. 203 B*

9.13 Ce n'est pas juste. *p. 203 C*

9.14 Opinions. *p. 203 D*

9.15 Au travail. *Some people are talking about conditions at work. Decide whether or not each person is satisfied with what goes on there, and underline* ***OUI*** *or* ***NON*** *in your lab manual. You will hear each statement or question twice.*

MODÈLE You hear: Je fais de mon mieux, mais mon patron me critique tout le temps.
You underline: **NON.**

1. OUI NON
2. OUI NON
3. OUI NON
4. OUI NON
5. OUI NON
6. OUI NON
7. OUI NON
8. OUI NON

Intégration et perspectives

9.16 Mes opinions. *André Lemoine is talking about the role of women in today's society. Based on what André says, decide whether or not he could have made the statements below, and underline* ***OUI*** *or* ***NON****. You will hear the passage twice.*

1. OUI NON Je suis pour l'indépendance des femmes.
2. OUI NON J'admire beaucoup les femmes qui ont le courage de quitter leur maison pour aller travailler.
3. OUI NON Les femmes ont besoin de travailler pour gagner leur vie.
4. OUI NON Les enfants d'aujourd'hui respectent leurs parents.
5. OUI NON Les hommes ne sont pas faits pour rester à la maison.
6. OUI NON Nous devons aider les jeunes filles à faire des études et à choisir une profession intéressante.
7. OUI NON Les femmes ont des réfrigérateurs et des machines à laver pour les aider à faire leur travail. C'est assez!

9.17 Réponses. *In response to letters from her readers, Marcelle Ségal, an advice columnist, is dictating answers to her secretary. Write what she says in the pauses provided. Each line will be read twice, then the entire passage will be read once again so that you can check your work.*

9.18 Et vous? *A French student at your university wants to know how American college students feel about work. Stop the tape after each question and write an appropriate answer.*

1. ____

____

2. ____

____

3. ______________________________

____

4. ______________________________

____

5. ______________________________

____

6. ______________________________

____

9.18 Prononciation et orthographe. *p. 211*

CHAPITRE 10

Français! Achetez et consommez!

PARTIE ÉCRITE

Mise en train

On fait des courses. *You have the whole day to go shopping for various things you may want or need. Using ideas from pages 215 to 216 in the text, identify the following items and tell where they can be bought.*

MODÈLE

Ce sont des gâteaux. On peut acheter des gâteaux dans une boulangerie-pâtisserie.

1. ______________________________

____

2. ______________________________

____

3. ______________________________

____

4. ______________________________

____

5. ______________________________

____

6. ______________________________

____

7. ______________________________

____

8. ______________________________

____

Vendre et les verbes de la troisième conjugaison

A. Les marchands parlent. *Several shopkeepers are discussing business, the economy, and problems they are facing. Complete their statements by filling in the blanks below with the appropriate form and tense of the following verbs:* ***attendre****,* ***entendre****,* ***perdre****,* ***rendre****,* ***répondre****, and* ***vendre****.*

1. Hier j(e) ____________________ trois vélos.
2. L'année dernière les affaires n'ont pas été bonnes, et les marchands de notre quartier ____________________ de l'argent.
3. En général, les décisions du gouvernement ne ____________________ pas à nos besoins.
4. La situation économique de notre pays me ____________________ très triste.

5. Ma femme et moi, nous ____________________ tous les jours les critiques de nos clients. Nous ne devons pas ____________________ à ces critiques.
6. Nous ____________________ les marchandises que nous avons commandées.
7. Nous traversons une période difficile, mais nous ne pouvons pas ____________________ patience.
8. Les marchandises que les marchands de ce quartier ____________________ sont d'une qualité excellente.

B. Au centre commercial. *You and your friend just arrived at the shopping center where you plan to run some errands. Write what you would say in French to convey the following information.*

1. Tell your friend that you are losing patience because you have been waiting for him for an hour.

   ____

   ____

2. Find out where they sell watches.

   ____

   ____

3. Say that you lost your watch a week ago.

   ____

   ____

4. Say that the employee at the jewelry store didn't answer your questions.

   ____

   ____

5. Ask your friend why he is returning these shoes.

   ____

   ____

L'impératif

A. Un homme tyranique. *Pierre Kelbrute is always giving orders and making suggestions to people around him. Using the cues provided and following the models, re-create his commands.*

à sa fille:

MODÈLE aller dans ta chambre
Va dans ta chambre!

1. faire tes devoirs ____

2. finir ton dîner ______

3. ne pas regarder la télé ______

4. obéir à ton père ______

5. rendre bientôt visite à ta grand-mère ______

______

à ses employés:

MODÈLE arriver à l'heure chaque matin
Arrivez à l'heure chaque matin!

1. ne pas quitter le bureau avant cinq heures ______

______

2. être plus polis quand vous parlez au téléphone ______

______

3. avoir de la patience avec les clients ______

______

4. finir ces lettres ______

5. ne pas perdre votre temps ______

à sa femme:

MODÈLE regarder les informations
Regardons les informations!

1. acheter une nouvelle voiture ______

2. emmener les enfants chez leurs grands-parents ______

______

3. aller au cinéma ce soir ______

4. ne pas inviter les Duvernet à dîner ______

______

5. prendre nos vacances au mois de juillet ______

______

B. Conseils. *A French friend is planning a summer trip to the United States. Using the example as a guide, indicate whether you agree or disagree with your friend's ideas.*

MODÈLES Je voudrais visiter New York.
Ne visite pas New York. Il fait trop chaud à New York en été.
ou **Oui, visite New York. C'est une ville fascinante.**

1. Je pense voyager en train ou en autobus.

   ____

2. Je vais passer dix jours en Floride.

   ____

3. J'ai l'intention de faire du camping.

   ____

4. Je ne veux pas parler anglais.

   ____

5. J'ai envie d'aller au Canada aussi.

   ____

6. Je vais choisir un hôtel avant d'arriver dans une ville.

   ____

7. J'ai l'intention de prendre tous mes repas au restaurant.

   ____

8. Je voudrais sortir avec des jeunes Américains.

   ____

C. Suggestions. *Jacques, a new student, is asking you for suggestions on what to do. Using the model as a guide, tell how you would respond to each of his questions.*

MODÈLES Est-ce que je dois écouter mes amis?
Oui, écoutez-les.
ou **Non, ne les écoutez pas.**

1. Est-ce que je dois faire mes devoirs chaque jour?

   ____

2. Est-ce que je dois aider mes amis pendant les examens?

   ____

3. Est-ce que je dois vendre mes livres à la fin de chaque trimestre?

   ____

4. Est-ce que je dois inviter mes profs à sortir avec moi?

   ____

5. Est-ce que je dois critiquer mon camarade de chambre quand il est embêtant?

   ____

6. Est-ce que je dois prendre l'autobus pour aller au campus?

____

7. Est-ce que je dois attendre mes amis chaque matin devant ma résidence?

____

8. Est-ce que je dois écouter les conseils qu'on me donne?

____

9. Est-ce que je dois finir mes devoirs avant de venir en classe?

____

D. Vice versa. *What advice would students and teachers give each other? In the first space provided, write three or four pieces of advice that students would give to teachers; in the second space, write three or four pieces of advice that teachers would give to students. Vary your sentences as much as possible.*

____

____

____

____

____

____

____

____

Les pronoms disjoints

A. Au centre commercial. *Paul and Georges are talking as they look at different things at a shopping center. Read their statements carefully and complete them with the appropriate disjunctive or direct object pronouns.*

MODÈLE Les enfants ne sont pas très sages. Je n'aime pas faire les courses avec ***eux***.

1. Mon fils est très indépendant. Il veut choisir ses vêtements ____________-même. Je voudrais ____________ aider, mais je ne peux pas. Il préfère aller au centre commercial sans ____________.

2. J'ai envie d'acheter un nouvel appareil-photo avant d'aller en vacances cette année. Cet appareil-photo-ci

   ______________ intéresse beaucoup. Je voudrais ______________ acheter, mais il coûte trop cher.

3. Ma femme et ______________, nous avons acheté ce sèche-cheveux la semaine dernière. Mais je dois

   ______________ rendre parce qu'il ne marche pas bien.

4. Ma fille Martine a un petit ami qui étudie le droit. Nous ______________ aimons bien, parce qu'il est

   très sympathique. Martine et ______________ sont sortis ensemble trois fois cette semaine.

5. L'anniversaire de ma femme est dans deux semaines, et voudrais bien faire quelque chose pour

   ______________. Aide-______________ à décider.

6. Le week-end dernier, nous avons rendu visite à mon frère et sa femme. ______________, il est

   professeur d'université et ______________, elle est avocate. Nous avons passé un week-end très

   agréable chez ______________. Ils ______________ ont emmenés manger au restaurant.

   Nous ______________ avons invités à venir passer le week-end prochain chez ______________.

B. Le monde a bien changé. *Raoul Lepont is talking with a friend about how today's attitudes toward women have changed his everyday life. Using the cues provided and supplying the correct disjunctive pronouns, re-create his answers to his friend's questions.*

MODÈLE Est-ce que c'est votre femme qui fait la cuisine chez vous? (non)
Non, ce n'est pas elle qui fait la cuisine chez nous.

1. Alors, ce sont vos enfants qui la font? (oui, quelquefois)

   ____

2. Dans ce cas, c'est vous qui faites la cuisine? (oui, d'habitude)

   ____

3. Vous préparez votre petit déjeuner vous-même? (oui, en général)

   ____

4. Cette moto est à votre fils? (non)

   ____

5. Alors, elle est à votre fille? (oui)

   ____

6. C'est votre fille qui l'a achetée? (oui)

____

7. Pouvez-vous discuter vos problèmes avec votre femme? (oui, bien sûr)

____

8. Et votre femme, est-ce qu'elle discute ses problèmes avec vous? (oui)

____

Intégration et perspectives

A. Les petites annonces. *Imagine that you are a French student and are placing several ads in the classified section (**les petites annonces**) of your campus newspaper. In the space provided, write four ads for things you might need or want to sell.*

MODÈLES **Vieux livre de français à vendre. Bon marché.**
Désire acheter vélo occasion (*second-hand*). Bon état (*condition*).

1. ____

____

2. ____

____

3. ____

____

4. ____

____

B. Aux Galeries Lafayette. *You and a friend are shopping at **les Galeries Lafayette** in Paris. Write what you would say in French to convey the following information.*

1. Ask a salesclerk if they sell Italian shoes here.

____

2. Say that you'd like to buy some shoes for your brother. Ask if you can return them if they're too small for him.

____

____

3. Tell your friend that the clerk (*le vendeur*) didn't answer your question. Say that the clerk didn't hear you.

____

____

4. Tell your friend that this umbrella isn't yours, then ask your friend if it's his.

____

____

5. Ask a clerk how many records are on sale.

____

6. Tell your friend to be patient, and to wait a minute. Say that you can't find your wallet, and that you must have lost it.

____

____

7. Tell your friend not to buy these toys, because they are expensive.

____

8. Say that there is a good sale in this leather goods store.

____

9. Tell your friend that you have to save money.

____

10. Suggest to your friend that the two of you go to eat in the little café across from **les Galeries Lafayette**.

____

____

C. On fait des achats. *A French friend visiting your town has asked for your help in doing some shopping. He wants to buy clothing, books, records, souvenirs, etc. Tell your friend what shops are available in your town, and what kinds of items are sold there.*

____

____

____

____

____

____

____

____

PARTIE ORALE

Mise en train

10.1 Où peut-on aller? *Joëlle wants to do some shopping while she visits some relatives. Listen to each of the things she wants to buy, and mark the name of the shop where she would go for each one. You will hear Joëlle's statements twice.*

MODÈLE You hear: Je voudrais acheter du maquillage. Où est-ce que je peux aller?
You mark: **dans une droguerie.**

dans une bijouterie	dans un magasin de jouets	chez un marchand de journaux
dans une droguerie	chez un électricien	dans une librairie-papeterie
chez un marchand de journaux	dans un magasin de vêtements	dans une boulangerie
chez un opticien	dans une parfumerie	dans une pharmacie
dans une pharmacie	dans une bijouterie	dans un magasin de chaussures
chez un électricien	dans une librairie	dans une maroquinerie
chez un opticien	dans une droguerie	dans un magasin de vêtements
dans une parfumerie	dans une pharmacie	dans une droguerie

Vendre et les verbes de la troisième conjugaison

****10.2 Situation: Au bureau des objets trouvés.*** *p. 218*

****10.3 Au marché aux puces.*** *p. 219 A*

****10.4 Où est-ce qu'ils ont attendu?*** *p. 220 B*

10.5 Une mauvaise journée. *This is one of those days when nothing is going right for some people. Listen to their complaints, and jot down in English what each person says. You will hear each item twice.*

MODÈLE You hear: Jacques ne veut pas répondre à mes questions.
You jot down: Jacques: **doesn't want to answer questions**

1. Moi: ______________________
2. Annette: ______________________
3. André: ______________________
4. Mme Blanchard: ______________________
5. Marie: ______________________

L'impératif

****10.6 Situation: Dans un grand magasin.*** *p. 221*

****10.7 À l'agence publicitaire.*** *p. 223 B*

****10.8 Suggestions.*** *p. 224 C*

10.9 Conseils. *Pierre has started out on his own and has a limited budget; his friends are advising him on how to manage his life. Decide whether their advice is good (**BON**) or bad (**MAUVAIS**), and underline the appropriate word below. You will hear each item twice.*

MODÈLE You hear: Ne rends pas les choses que tu empruntes à tes amis.
You underline: **MAUVAIS.**

1. BON MAUVAIS
2. BON MAUVAIS
3. BON MAUVAIS
4. BON MAUVAIS
5. BON MAUVAIS
6. BON MAUVAIS
7. BON MAUVAIS
8. BON MAUVAIS

Les pronoms disjoints

****10.10 Situation: Un cadeau.*** *p. 225*

****10.11 Je t'invite.*** *p. 227 A*

****10.12 Quel désordre!*** *p. 227 B*

10.13 Dans un magasin de vêtements. *Marie-Anne, who works at a clothing store in Paris, is answering a friend's questions. Marie-Anne's answers appear below. Listen to each of the friend's questions and complete Marie-Anne's answers with appropriate disjunctive pronouns. You will hear each question twice.*

MODÈLE You hear: Est-ce que vous aimez votre patron?
You write: Oui, je suis assez contente de travailler pour *lui*.

1. Oui, et j'aime bien travailler avec ____________________.
2. Oui, c'est ____________________ qui les a achetés.
3. Bien sûr, je peux choisir quelque chose pour ____________________.
4. Oui, il est à ____________________.
5. Non, ils ne sont pas à ____________________.
6. Non, ce n'est pas ____________________. C'est une agent publicitaire qui la prépare.
7. Oui, nous parlons souvent d(e) ____________________.
8. Non, je n'ai pas le temps de sortir avec ____________________.

Intégration et perspectives

10.14 Vivlavi. *You are at a market where a vendor is selling a new product called **Vivlavi**. Based on what the vendor says, decide if the following statements are true (**VRAI**) or (**FAUX**), and underline the appropriate words. You will hear the passage twice.*

1. VRAI FAUX Vivlavi peut vous rendre heureux.

2. VRAI FAUX Ce produit peut vous aider si vous êtes souvent malade.

3. VRAI FAUX Une bouteille de Vivlavi coûte moins de trois francs.

4. VRAI FAUX On a déjà vendu plus de trois millions de bouteilles de ce produit.

5. VRAI FAUX Il faut boire un petit verre de Vivlavi trois fois par jour.

10.15 Un message. *Since Jeannette isn't going to be home tonight, she leaves a message for her husband. Write what Jeannette says during the pauses provided. Each line will be said twice, then the entire passage will be said once again so that you can check your work.*

1. ______________________________

2. ______________________________

3. ______________________________

4. ______________________________

10.16 Et vous? *A French friend wants to know whether you tend to watch your money or spend it easily. Stop the tape after each question and write an appropriate answer in French.*

****10.17 Prononciation et orthographe.*** *p. 234*

CHAPITRE 11

Santé et habitudes personnelles

PARTIE ÉCRITE

Mise en train

A. Dans la salle d'attente du médecin. *Some people in the doctor's waiting room have various problems. Using vocabulary and ideas from pages 237 to 239 of your text, tell what has happened or what is wrong with each of them.*

MODÈLE

Cet homme a mal au genou.

1. ______________________________________
____
____

2. ______________________________________
____
____

3. ____

____

____

4. ____

____

____

5. ____

____

____

6. ____

____

____

7. ____

____

____

B. Chez le médecin. *One of your jobs in a doctor's office is to jot down the complaints and conditions of each patient who calls in. Write what you would say in French to convey the following information.*

1. M. Delporte is coughing, and he has had a sore throat for a week.

____

____

2. Mme Leroy's daughter is always cold, but she doesn't have a fever.

____

____

3. M. Morice is rarely hungry, and when he eats he feels like throwing up.

____

____

4. Mlle Olivet didn't take her medicine, and now she has an infection.

____

____

5. Mme Germain is in good health now after her bad cold.

____

____

6. The doctor gave M. Mornet a prescription, but he lost it.

____

____

7. M. Dupuy's son dropped (use ***laisser tomber***) a sofa on his foot, and now he can't walk.

____

____

Le présent des verbes réfléchis

A. Narcissisme immodéré. *Using the reflexive verbs given below, complete the following paragraph in which François Jemaime talks about his irresistible charms.*

verbes à utiliser: **s'amuser, s'appeler, se coucher, se dépêcher, s'entendre, s'habiller, se laver, se lever, s'occuper, se peigner**

Je ______________ François Jemaime. En général, je ne ______________ pas tôt parce que j'ai besoin de mon sommeil. Quand je ______________ trop tard, je ne suis pas satisfait de mon apparence et j'ai l'air fatigué. À mon avis, mes camarades de chambre ne ______________ pas assez de leur apparence. Moi, je ______________________ avec de l'eau bien chaude et je ______________________ avec soin (*care*) parce que j'ai de jolis cheveux blonds que mes amis adorent. Je ______________________ toujours avec beaucoup d'élégance. Souvent, je pars à neuf heures moins cinq pour arriver en classe à neuf heures. C'est un peu juste, mais je ne ______________________ pas parce que mes professeurs ne peuvent pas résister à mon charme. Mes professeurs et moi, nous ______________________ très bien et je ______________________ avec les filles aussi. C'est pourquoi les autres étudiants sont souvent jaloux de moi: je suis irrésistible!

B. Différences d'opinion. *How do various people feel about the following aspects of daily life? Re-create their statements by giving the appropriate form of the infinitive.*

1. ***se dépêcher tout le temps***

   Nous refusons de ______________________

   Je n'aime pas ______________________

   Ils doivent ______________________

   Tu n'as pas envie de ______________________

2. ***se lever tôt***

   J'ai besoin de ______________________

   Nous n'avons pas l'intention de ______________________

   Mes amis ont décidé de ______________________

   Jacqueline doit ______________________

3. ***se brosser les dents après chaque repas***

   Nous n'avons pas le temps de ______________________

   ____

   Il faut essayer de ______________________

   ____

   Les enfants ne veulent pas ______________________

   ____

   J'ai l'habitude de ______________________

   ____

4. ***s'arrêter de manger de la glace***

Héléne a décidé de _______________

Vous allez essayer de _______________

Tu as besoin de _______________

Nous ne pouvons pas _______________

5. ***s'entendre avec tout le monde***

Nous voulons _______________

Je fais de mon mieux pour _______________

Jacques ne peut pas _______________

Vous faites des efforts pour _______________

C. Correspondence. *You are writing to a French friend to find out about her habits and interests as well as those of other young French people. Write what you would say in French to convey the following information.*

1. Ask her at what time she goes to bed. Find out if she is often sleepy.

____

____

2. Tell her what time you get up on the weekend. Ask her if she gets up early or late on the weekend.

____

____

3. Find out if young people take care of their health. Ask if they go to the doctor when they feel sick.

____

____

4. Say that Americans usually get married before age 27. Ask her at what age young people usually get married in France.

____

____

5. Ask her if students generally get along well with their professors.

____

____

6. Find out if she gets along well in her courses and if she studies a lot.

7. Ask her where she and her friends go to have a good time.

8. Tell her some of the things you're interested in. Ask her if she is interested in sports.

9. Ask her how she usually dresses.

10. Ask her if she remembers her first day at the university.

Le passé composé des verbes réfléchis

A. Vous avez l'air fatigué. *Hélène and a group of friends are talking about why they all look tired. Using the words and phrases provided and following the model, re-create their statements.*

MODÈLE je / se coucher / très tard
Je me suis couché(e) très tard.

1. Elise / se dépêcher / pour arriver à l'heure

2. Marianne et Claude / s'amuser pendant le week-end

3. Jacques / ne pas se peigner

4. et toi, Anne, / tu / s'occuper / enfants de ta sœur hier soir?

5. mes amis et moi, nous / ne pas se souvenir de l'examen

6. Annette et Jeanne, vous / se coucher assez tôt? (*use inversion*)

____

7. tout le monde / s'amuser / café

____

8. nous / se réveiller tard

____

B. Ce matin. *The drawings below show what Paul Vincent did this morning. Using the* ***passé composé*** *and vocabulary you know, write a sentence that describes each activity.*

1. ____

2. ____

3. ____

4. ____

5. ____

6. ____

7. ______________________________

____

8. ______________________________

____

9. ______________________________

____

10. ______________________________

____

C. Le trimestre dernier. *Using the words and phrases given below, create sentences telling what you and your friends did last semester.*

MODÈLES s'occuper d'un groupe d'enfants
Je me suis occupé(e) d'un groupe d'enfants.
Mes amis et moi, nous nous sommes occupés d'un groupe d'enfants chaque samedi.

1. s'amuser bien pendant les week-ends

____

____

2. aller au cinéma

____

____

3. s'entendre bien avec ses professeurs

____

____

4. être malade

____

____

5. se lever tôt chaque jour

____

____

6. se dépêcher d'aller en classe

____

____

7. avoir des cours difficiles

____

____

8. s'intéresser beaucoup à ses cours

____

____

9. faire des devoirs tous les soirs

____

____

10. se sentir un peu perdu au début du trimestre

____

____

11. se débrouiller pour avoir de bonnes notes

____

____

12. se détendre un peu chaque soir

____

____

L'impératif des verbes réfléchis

A. Réponses. *Pierre is asking his doctor what he needs to do to be in better physical shape. Using the appropriate imperative form of the reflexive verbs used and the cues in parentheses, give the doctor's answers.*

MODÈLE Est-ce que je dois me reposer un peu ? (oui)
Oui, reposez-vous un peu.

1. Est-ce que je dois m'occuper de ma santé? (oui)

   ____

2. Quand est-ce que je dois me coucher? (à 10 h 30)

   ____

3. Est-ce que je dois me lever tôt tous les jours? (non)

   ____

4. Est-ce que je dois m'arrêter de boire du café ? (oui)

   ____

5. Est-ce que je dois me souvenir de vos conseils? (oui)

   ____

6. Est-ce que je dois me reposer après mon travail? (oui)

   ____

B. Oui ou non? *Marianne is telling her friends Véronique and Gilles what she does not feel like doing. Véronique always agrees with what Marianne says, while Gilles always disagrees. Give their reactions to Marianne's statements.*

MODÈLE Je n'ai pas envie de me lever.
VÉRONIQUE: **Eh bien, si tu n'as pas envie de te lever, ne te lève pas!**
GILLES: **C'est bien dommage, mais lève-toi quand même.**

1. Je n'ai pas envie d'aller à la bibliothèque.

   VÉRONIQUE: ______________________________

   GILLES: ______________________________

2. Je n'ai pas envie de me brosser les dents.

   VÉRONIQUE: ______________________________

   GILLES: ______________________________

3. Je n'ai pas envie d'être patiente.

 VÉRONIQUE: ______________________________

 GILLES: ______________________________

4. Je n'ai pas envie de me laver les mains.

 VÉRONIQUE: ______________________________

 GILLES: ______________________________

5. Je n'ai pas envie d'attendre mes amis.

 VÉRONIQUE: ______________________________

 GILLES: ______________________________

6. Je n'ai pas envie de m'arrêter à la boulangerie ce matin.

 VÉRONIQUE: ______________________________

 GILLES: ______________________________

7. Je n'ai pas envie de faire le ménage.

 VÉRONIQUE: ______________________________

 GILLES: ______________________________

8. Je n'ai pas envie de rester à la maison.

 VÉRONIQUE: ______________________________

 GILLES: ______________________________

9. Je n'ai pas envie de me dépêcher.

 VÉRONIQUE: ______________________________

 GILLES: ______________________________

10. Je n'ai pas envie de me coucher tôt.

 VÉRONIQUE: ______________________________

 GILLES: ______________________________

Intégration et perspectives

A. Conseils. *Imagine that you are a doctor giving advice to a patient on different ways to say healthy. In the space provided, write at least six pieces of advice.*

MODÈLES **Si vous ne voulez pas avoir sommeil chaque matin, ne vous couchez pas trop tard.**
N'oubliez pas de manger trois bons repas par jour.

B. La semaine et le week-end. *In the space provided, compare what you typically do during the week with what you do on the weekend. Vary your sentences as much as possible.*

Modèle **Pendant la semaine, je me lève à six heures, mais pendant le week-end, je peux rester au lit jusqu'à midi.**

C. Pour être en bonne santé. *You and some friends are discussing ideas about health and fitness. Using the model as a guide, react to each of your friends' suggestions.*

Modèle Faisons de la gymnastique ensemble chaque matin à 6 h.
Je voudrais bien faire de la gymnastique parce que c'est bon pour la santé, mais je ne veux pas me réveiller avant 6 h. Je préfère faire de la gymnastique après 7 h 30.

1. Couchons-nous à 10 h chaque soir.

2. Mangeons seulement de la cuisine diététique pour chaque repas.

____

____

____

3. Faisons 500 abdominaux par jour.

____

____

____

4. Prenons le temps de nous amuser et de nous détendre.

____

____

____

5. Faisons de la danse aérobique cinq fois par semaine.

____

____

____

6. Levons-nous tôt pendant le week-end pour faire du jogging.

____

____

____

7. Oublions nos soucis de temps en temps.

____

____

____

NOM ______________________ DATE ______________ CLASSE ______________

PARTIE ORALE

Mise en train

11.1 Risques. *The people shown below are doing things that they will be sorry for later. Decide if the warnings they get are true (**VRAI**) or (**FAUX**), and underline the appropriate words. You will hear each problem twice.*

MODÈLE

You hear: Vous allez avoir mal au dos si vous faites ça!
You underline: **VRAI**.

1.

VRAI FAUX

2.

VRAI FAUX

3.

VRAI FAUX

4.

VRAI FAUX

5.

VRAI FAUX

6.

VRAI FAUX

Le présent des verbes réfléchis

11.2 Situation: Chez le médecin. *p. 241*

11.3 Tout va mal. *p. 244 B*

11.4 Différences. *p. 244 C*

11.5 Problèmes. *Some people are talking about the problems they're having. Jot down in English what each person says. You will hear each item twice.*

MODÈLE You hear: Ma grand-mère ne mange pas bien et elle ne prend pas ses médicaments.
You jot down: Ma grand-mère: ***doesn't eat well or take medicine***

1. Mes enfants: ______________________________
2. Mes parents et moi: ______________________________
3. Notre fille: ______________________________
4. Moi: ______________________________
5. Mes enfants: ______________________________

Le passé composé des verbes réfléchis

****11.6 Situation: Une histoire d'amour.*** *p. 245*

****11.7 On part en voyage.*** *p. 247 C*

****11.8 Au club de gymnastique.*** *p. 248 E*

11.9 Maman se fait du souci. *André's mother tends to worry about him while he is away at the university, and so she often calls to find out how he is. For each question his mother asks, decide whether or not André gives an appropriate answer, and underline* ***OUI*** *or* ***NON****. You will hear each exchange twice.*

MODÈLE You hear: —À quelle heure est-ce que tu t'es couché hier soir?
—Je me suis dépêché de finir tous mes devoirs.
You underline: **NON**.

1. OUI NON
2. OUI NON
3. OUI NON
4. OUI NON
5. OUI NON
6. OUI NON

L'impératif des verbes réfléchis

****11.10 Situation: C'est l'heure!*** *p. 249*

****11.11 Conseils.*** *p. 250 A*

****11.12 Chez le médecin.*** *p. 250 B*

11.13 Ordres. *Monsieur Grandjean likes to tell people what to do. For each situation he describes, choose the command you hear that best describes what he might say, and circle the appropriate letter below. You will hear each item twice.*

MODÈLE You hear: Tu vas être en retard.
a. Dépêche-toi! b. Ne te marie pas! c. Amuse-toi bien!
You circle: **a**.

1. a b c
2. a b c
3. a b c
4. a b c
5. a b c
6. a b c

Intégration et perspectives

11.14 Chez le médecin. *Listen to the conversation that takes place as Monsieur Vincent is examined by his doctor. Then answer the following questions in English. You will hear the conversation twice.*

1. What problem does Monsieur Vincent have in the morning? At noon? And in the evening?

____

____

2. Name two pieces of advice that the doctor gives him for these complaints.

____

____

3. Why does Monsieur Vincent have trouble sleeping?

____

4. What time does he get up in the morning?

____

5. Where does Monsieur Vincent work?

____

11.15 Lettre. *Henri has just started college and has received his parents' first letter, which is full of advice and news from home. During the pauses provided, write what his parents say. Each sentence will be said twice, then the entire passage will be read a third time so that you can check your work.*

1. ______________________________
2. ______________________________
3. ______________________________
4. ______________________________

11.16 Et vous? *You have joined a health club, and an employee is helping you work out a health and exercise plan. Stop the tape after each of the interviewer's questions and write an appropriate answer. You will hear each question twice.*

1. ______________________________
2. ______________________________
3. ______________________________
4. ______________________________
5. ______________________________
6. ______________________________
7. ______________________________
8. ______________________________

NOM ______________________ DATE ______________ CLASSE ______________

CHAPITRE 12

L'apparence

PARTIE ÉCRITE

Mise en train

A. Inventaire. *Mireille and Karine are looking over their clothes to see what they need to buy for the start of school. Write what you would say to convey the following information.*

1. This skirt is pretty, but it's too short!

 ____

2. This pull-over looks good on you.

 ____

3. I already bought some jeans. Where are they?

 ____

4. I need to buy some new blouses.

 ____

5. Whose sweatsuit is this?

 ____

6. You can wear this dress and this blouse; they're not too small.

 ____

 ____

7. No, you can't wear your father's sportscoat.

 ____

8. These black pants are very stylish.

 ____

9. I just bought this coat. Do you like it?

10. Are your shoes too old?

B. Suggestions. *Several of your friends are asking you for advice on clothing. Write your answers to your friends' questions in the space provided. You may be either humorous or serious. Include colors in your answers where appropriate.*

1. Qu'est-ce que je peux porter avec ce costume gris?

2. Ma sœur vient d'acheter une robe blanche. Où est-ce qu'elle peut la porter?

3. Je voudrais faire bonne impression sur les parents de ma petite amie (*girl friend*). Qu'est-ce que je peux porter?

4. Mes amis m'ont invité(e) à passer l'après-midi au parc. Qu'est-ce que je peux porter?

5. Il y a un pull-over marron que j'aime bien dans un petit magasin. Qu'est-ce que je peux porter avec un pull de cette couleur?

6. Mon père a besoin de quelque chose pour travailler dans son jardin. Qu'est-ce qu'il peut acheter?

7. Mon mari et moi, nous avons l'intention de faire du jogging chaque matin avant d'aller au bureau. Qu'est-ce que nous pouvons porter?

8. Je vais bientôt faire un long voyage en avion. Pouvez-vous suggérer des vêtements confortables pour ce voyage?

____

____

Les compléments d'objet indirect

A. Suggestions. *Your grandfather wants to know what to give different members of the family for their birthdays. Using the model as a guide, write what you tell him.*

MODÈLE à Pierre / chaîne-stéréo / disques
Tu peux lui offrir une chaîne-stéréo, mais ne lui offre pas de disques.

1. à moi / pull-over / sweat

____

2. à David et Martine / petit téléviseur / radio

____

3. à Sabine / sac à main / parapluie

____

4. à nous / argent / livres

____

5. à moi / portefeuille / chaussures

____

6. aux enfants / jouets / vêtements

____

B. La vie de famille. *Madame Monot and a friend are talking about their relationships with their children and with their own parents. Using the cues provided and following the model, re-create their answers to the following questions. Be sure to use the appropriate indirect object pronoun in each response.*

MODÈLE Est-ce que tes enfants te téléphonent quand ils vont être en retard? (oui)
Oui, ils me téléphonent quand ils vont être en retard.

1. Est-ce qu'ils t'achètent toujours quelque chose pour ton anniversaire? (oui)

____

2. Est-ce que Paul et toi, vous téléphonez souvent à votre fils qui est étudiant? (oui, très souvent)

____

3. Et votre fils, est-ce qu'il vous téléphone quelquefois? (non, pas souvent)

____

4. Est-ce que tes enfants te posent beaucoup de questions? (oui)

____

5. Est-ce que tes enfants te parlent de leurs problèmes? (non, pas toujours)

____

6. Et toi, est-ce que tu peux parler franchement à tes parents? (oui)

____

7. Est-ce que tu rends très souvent visite à tes parents? (non)

____

8. Est-ce que vos enfants vous obéissent toujours? (non, pas toujours)

____

C. Au grand magasin. *While you are shopping with a French friend you tell him what some of the clerks and customers say. Write the French equivalent of each sentence below, being sure to use the appropriate direct or indirect object pronouns.*

1. I showed her this dress, but she didn't like it.

____

2. Buy these shoes for us because we want them.

____

3. The clerk (**le vendeur**) helped him choose a coat. Then he showed him a necktie.

____

4. Some customers are telephoning you. Can you speak to them?

____

5. We just bought a new record. Let's listen to it tonight.

____

6. A customer asked me if we have swimsuits. I explained to him that we don't sell swimsuits here.

____

Les verbes conjugués comme *mettre*

A. Résolutions. *Several students are talking about resolutions they are making to improve their study habits. Using the words and phrases provided, re-create their statements.*

MODÈLE   je / ne pas promettre / être parfait / mais / je / promettre / essayer
Je ne promets pas d'être parfait mais je promets d'essayer.

1. Geneviève / promettre / ne pas parler en classe

   ____

2. nous / promettre / téléphoner / souvent / parents

   ____

3. est-ce que tu / promettre / aller en classe / tous les jours?

   ____

   ____

4. me / promettre / vous / ne pas remettre / travail / dernier / minute (*use inversion*)

   ____

   ____

5. camarades de chambre / Suzanne / promettre / se coucher / plus tôt

   ____

   ____

6. et / professeur / promettre / étudiants / être moins sévère

   ____

   ____

B. Conseils d'une mère. *Madame Simon, who thinks that today's parents are too permissive, is talking with her married daughter Mathilde about the way she is raising her children and running her life. Complete Madame Simon's statements by filling in the blanks below with the appropriate form and tense of the verbs provided. Verbs can be used more than once.*

verbes à utiliser: **admettre, mettre, permettre, promettre, remettre, se mettre**

J(e) ____________________ que les temps ont changé, mais tu exagères, Mathilde. Par exemple, ton mari et toi, vous ____________________ à Marie-Luce de sortir quand elle veut. Et l'autre soir, tu lui ____________________ de rentrer à une heure du matin. C'est un peu trop!

Et Michel qui n'a pas réussi à ses examens. Il vous ____________________ de travailler sérieusement, mais en réalité il ____________________ toujours son travail à plus tard. C'est parce que Robert et toi, vous lui ____________________ d'avoir son propre appartement. Quand est-ce qu'il va ____________________ à travailler sérieusement?

Et puis, Robert et toi, vous n'êtes pas assez économes. Si vous n'avez pas assez d'argent maintenant, il faut ____________________ à plus tard l'achat d'une nouvelle maison. Tu es trop gentille avec tes enfants. ____________________ en colère de temps en temps! Ne leur ____________________ pas toujours de faire ce qu'ils veulent. ____________________-moi de faire un effort pour être plus sévère.

Le comparatif et le superlatif

A. Rivalité. *Guy Lacrême believes that he is better than his friend Armand. Each time his friend makes a statement, Guy tries to outdo him. Re-create his statements by using the appropriate form of the comparative.*

MODÈLES Je suis assez gentil.
Je suis plus gentil que toi.

Mes enfants obéissent bien.
Mes enfants obéissent mieux que tes enfants.

1. En général, je suis très patient.

   ____

2. Je me débrouille assez bien en espagnol.

   ____

3. Ma voiture est très économique.

   ____

4. Chez nous, nous mangeons très bien.

   ____

5. Ma femme est très belle et très intelligente.

   ____

6. J'ai un très bon travail.

   ____

7. Nous habitons dans un beau quartier.

____

8. Notre maison a coûté cher.

____

9. J'ai beaucoup d'amis.

____

10. Mes enfants n'ont pas beaucoup de problèmes.

____

B. Opinions. *Susan has asked a French friend about various aspects of French life. Using the cues provided and following the model, re-create her friend's answers to the following questions.*

MODÈLE un bon restaurant à Lyon? (Paul Bocuse)
À mon avis, Paul Bocuse est le meilleur restaurant de Lyon.

1. un musée intéressant à Paris? (le Centre Pompidou)

   À mon avis, ____

2. une belle région dans le sud-ouest? (le Pays Basque)

   À mon avis, ____

3. un bon vin rouge? (le Pommard)

   À mon avis, ____

4. une voiture très économique? (la 2CV)

   À mon avis, ____

5. une ville pittoresque en Alsace? (Riquewihr)

   À mon avis, ____

6. une bonne spécialité régionale? (la bouillabaisse)

   À mon avis, ____

7. une région où on mange bien? (la Bourgogne)

   À mon avis, ____

C. Comparaisons. *Using the suggestions below (or other ideas of your own) and the comparative, write a paragraph of at least five sentences in which you tell how university life is different from high school life. Vary your sentences as much as possible. Be sure to use the comparative of adjectives, nouns, and adverbs.*

Sujets que vous pouvez mentionner: **temps libre, cours, amis, responsabilités, intérêts, attitudes, professeurs, etc.**

Verbes que vous pouvez utiliser: **étudier, travailler, porter, manger, avoir, s'amuser, se débrouiller, accomplir, comprendre, s'entendre, etc.**

MODÈLE **Maintenant que je suis à l'université j'ai moins de cours, mais mes devoirs sont beaucoup plus difficiles!**

____

____

____

____

____

____

____

Intégration et perspectives

A. La vie universitaire. *You and some French friends are comparing the lives of American and French university students. Write what you would say in French to convey the following information.*

1. Ask if professors permit their students to telephone them.

   ____

2. Tell your friends in which course you have the most work.

   ____

3. Find out if your friends have as many problems as you have.

   ____

4. Tell your friends which of your professors is the most interesting, and why.

   ____

5. Find out if their professors get angry when students ask them stupid questions.

   ____

6. Find out if students usually put off their work until the last minute.

   ____

7. Ask your friends who their best professor is this year.

   ____

8. Tell your friends where on your campus students eat the best.

   ____

B. À votre avis. *Everyone has an opinion about what or who is the best. Using the cues provided and following the example, give your opinions, then explain why you feel the way you do. Be sure to use the appropriate form of the superlative in each response.*

MODÈLE un bon professeur à l'université?
À mon avis, Monsieur Dupont est le meilleur professeur de l'université. Il essaie de nous comprendre, et il est toujours prêt à nous aider.

1. un restaurant bon marché?

____

____

2. une belle actrice ou un bel acteur de cinéma?

____

____

3. un bon film qu'on passe en ce moment?

____

____

4. un cours intéressant?

____

____

5. une jolie région aux États-Unis?

____

____

6. un homme ou une femme politique très admiré(e)—ou pas très admiré(e)?

____

____

7. un chanteur ou une chanteuse qui a beaucoup de talent?

____

____

8. des vêtements confortables?

____

____

C. La mode d'aujourd'hui. *A French friend wants to know what American university students wear. Describe several different styles that you see on your campus, and tell what you think of each.*

Modèle **Sur mon campus, il y a des étudiants qui portent des joggings pour venir en classe. J'admets que c'est très confortable, mais je ne trouve pas ça élégant.**

NOM ______________________ DATE ______________ CLASSE ______________

PARTIE ORALE

Mise en train

12.1 À l'aéroport. *You are going to the airport to pick up a couple you've never met, although you have a description of the couple and you know what they will be wearing. Based on the description you hear, pick out the couple you are going to meet from the drawings below. You will hear the description twice.*

1. 

3. 

2. 

4. 

Les compléments d'objet indirect

****12.2 Situation: Noël approche...*** *p. 260*

****12.3 Générosité.*** *p. 262 A*

****12.4 J'ai changé d'avis.*** *p. 263 C*

12.5 En autobus. *While you are riding on a bus, you overhear the conversations of people around you. Each person speaking will use a pronoun. Decide whether the pronoun you hear is a direct object, an indirect object or a disjunctive pronoun, and write it in the appropriate column below. You will hear each statement twice.*

MODÈLE
You hear: Les enfants ne leur obéissent jamais.
You write: **leur** under "indirect object."

	DIRECT OBJECT	INDIRECT OBJECT	DISJUNCTIVE
1.	______	______	______
2.	______	______	______
3.	______	______	______
4.	______	______	______
5.	______	______	______
6.	______	______	______
7.	______	______	______
8.	______	______	______

Les verbes conjugués comme *mettre*

12.6 Situation: Un compromis acceptable. *p. 264*

12.7 Qu'est-ce qu'on va mettre? *p. 265 A*

12.8 Promesses. *p. 266 B*

12.9 Réponses. *Alice is asking people some questions. Decide whether or not the answers she gets are appropriate, and underline **OUI** or **NON** below. You will hear each exchange twice.*

MODÈLE You hear:—Où sont mes chaussures?
—Paul les a mises dans ta chambre.
You underline **OUI.**

1. OUI NON
2. OUI NON
3. OUI NON
4. OUI NON
5. OUI NON
6. OUI NON
7. OUI NON
8. OUI NON

Le comparatif et le superlatif

12.10 Situation: Dans une boutique de vêtements. *p. 266*

12.11 Évian ou Vittel? *p. 269 C*

12.12 Paris. *p. 269 D*

12.13 Au Marché aux puces. *Monsieur Gérard, Madame Tournier and Madame Thibault, all competitors, deal in old clothes at the flea market in Le Marais, a fashionable district in Paris. The following chart shows what each of them sold today. Decide if the statements you hear about this information are true (**VRAI**) or false (**FAUX**), and underline the appropriate words. You will hear each statement twice.*

MODÈLE You hear: Monsieur Gérard a vendu le plus de costumes.
You underline: **FAUX**.

M. Gérard		Mme Tournier		Mme Thibault	
1 costume	100F	2 costumes	95F	4 costumes	320F
2 shorts	25F	3 shorts	50F	1 short	15F
5 chemises	14F	6 chemises	13F	3 chemises	10F
8 paires de chaussettes	3F	7 paires de chaussettes	3F	6 paires de chaussettes	2F
1 pantalon	30F	1 robe	28F	4 jupes	35F
3 paires de chaussures	110F	1 paire de chaussures	55F	3 paires de chaussures	145F
Total 20 articles	282F	20 articles	264F	21 articles	527F

1. VRAI FAUX
2. VRAI FAUX
3. VRAI FAUX
4. VRAI FAUX
5. VRAI FAUX
6. VRAI FAUX
7. VRAI FAUX
8. VRAI FAUX
9. VRAI FAUX
10. VRAI FAUX

Intégration et perspectives

12.14 À mon avis... *Madame Lemoine is talking about what she thinks college students should wear. After you listen, decide whether or not Madame Lemoine might have made the statements below, and underline **OUI** or **NON**. You will hear the passage twice.*

1. OUI NON Les étudiants ne s'intéressent pas assez à leur apparence.
2. OUI NON Les jeunes filles n'ont pas l'air féminin.
3. OUI NON Les tee-shirts sont peut-être confortables, mais ils coûtent trop cher.
4. OUI NON Quand on est jeune, il peut s'habiller comme on veut; ça n'a pas d'importance.
5. OUI NON Il faut essayer de faire bonne impression sur les gens qu'on rencontre.

12.15 Soirée. *Some students are talking about their evening out last night. During the pauses provided, write what they say. You will hear each line twice, then the entire passage will be read once again so that you can check your work.*

1. ____

____

2. ____

____

3. ______________________________

____

4. ______________________________

____

12.16 Et vous? *A friend is asking you questions about clothing. Stop the tape after each question and write an appropriate answer in French. You will hear each question twice.*

1. ______________________________

____

2. ______________________________

____

3. ______________________________

4. ______________________________

5. ______________________________

6. ______________________________

7. ______________________________

8. ______________________________

NOM ______________________ DATE ______________ CLASSE ______________

CHAPITRE 13

Le passé et les souvenirs

PARTIE ÉCRITE

Mise en train

A. Interview. *Imagine that you are a famous person and answer the questions below as he or she might answer them.*

le nom de cette personne: ______________________________

1. Où êtes-vous né(e) et où avez-vous grandi?

____

____

2. Êtes-vous marié(e)? Si oui, parlez-nous un peu de votre mari (femme).

____

____

3. À votre avis, le divorce est-il un problème sérieux pour les célébrités? Pourquoi ou pourquoi pas?

____

____

4. Combien d'enfants avez-vous? Si oui, parlez-nous un peu d'eux.

____

____

5. À votre avis, est-il plus difficile d'élever des enfants quand on est célèbre? Pourquoi ou pourquoi pas?

____

____

6. Qu'est-ce qui vous rend heureux(se)? inquiet(iète)? jaloux(se)? Expliquez.

____

____

____

7. Êtes-vous content(e) de ce que vous avez accompli dans votre vie? Pourquoi ou pourquoi pas?

____

____

8. Qu'est-ce que vous espérez accomplir dans l'avenir (*future*)?

____

____

B. Les étapes de la vie. *Each stage of life is characterized by certain joys, concerns, problems, and activities. Analyze the positive and negative aspects of the following stages of life.*

MODÈLE l'enfance **Quand on est enfant, on s'intéresse à tout. On a toujours envie de s'amuser. Mais les parents ne permettent pas toujours à leurs enfants de faire ce qu'ils veulent.**

1. l'enfance ______________________________

____

____

2. l'adolescence ______________________________

____

____

3. l'âge adulte ______________________________

____

____

4. la vieillesse ______________________________

____

____

NOM ______________________ DATE ____________ CLASSE ____________

L'imparfait

A. Nostalgie. *Monsieur and Madame Gauthier are telling their children what their life was like when they were first married. Using the model as a guide, write what they say.*

MODÈLE nous / être pauvres mais heureux
Nous étions pauvres mais heureux.

1. nous / prendre toujours l'autobus / parce que / nous / ne pas avoir de voiture

 ____

 ____

2 nous / louer un appartement près d'un joli parc

 ____

3. notre appartement / être très petit

 ____

4. je / aimer faire des promenades dans le parc

 ____

5. nos amis / nous rendre souvent visite

 ____

6. nous / aller rarement au cinéma

 ____

7. nous / être souvent inquiets / parce que / nous / ne pas gagner beaucoup d'argent

 ____

 ____

8. toi, Jacques, tu / travailler douze heures par jour / et moi, je / faire mes études à l'université

 ____

 ____

9. ta mère / me / offrir toujours un petit cadeau pour mon anniversaire

 ____

10. nous / espérer avoir trois enfants

 ____

B. Souvenirs. *Claudine is reminiscing about her childhood on a farm. Complete her story by giving the appropriate form of the imperfect for the verbs in parentheses.*

Quand j'_______________ (***être***) petite, nous _______________ (***habiter***) dans une ferme qui _______________ (***se trouver***) à quelques kilomètres d'un petit village. C'_______________ (***être***) un tout petit village où il n'y _______________ (***avoir***) pas beaucoup d'habitants. Mon père _______________ (***être***) assez satisfait de cette situation mais ma mère _______________ (***s'ennuyer***) (***to get bored***) un peu. Mon frère et moi, nous _______________ (***être***) très contents et nous _______________ (***s'amuser***) beaucoup. Moi, j'_______________ (***adorer***) l'été. Le matin j'_______________ (***aider***) maman dans la maison et l'après-midi, mon père nous _______________ (***emmener***) travailler dans les champs (***fields***). Le dimanche, nous _______________ (***aller***) à la messe (***Mass***) le matin et l'après-midi, nous _______________ (***faire***) souvent un pique-nique au bord de la rivière. Mon père _______________ (***choisir***) toujours un endroit agréable. Après le déjeuner, mon frère et moi, nous _______________ (***pouvoir***) jouer dans l'eau pendant que mes parents _______________ (***se reposer***).

Maintenant, j'habite dans une grande ville et je pense beaucoup à notre petit village tranquille.

C. Interview. *Imagine that you are going to interview a French senior citizen to find out what life was like when this person was growing up. Using the* **vous** *form, how would you ask the following questions in French?*

1. How was life in those days?

   ____

2. Where were you living when you were twenty?

   ____

3. Were married women able to have a profession?

   ____

4. There was no radio or television at that time, was there?

   ____

5. What did you do to have fun?

   ____

6. At what age did people usually get married?

   ____

7. Where did people go on vacation in those days?

____

8. In your opinion, were people happier in those days?

____

L'imparfait et le passé composé

A. Interruptions. *Some people are talking about what they were doing when they were interrupted by someone or something else. Using the model as a guide, tell what they say.*

MODÈLE les enfants / jouer / leurs grands-parents / arriver
Les enfants jouaient quand leurs grands-parents sont arrivés.

1. Martine / laver la voiture / il / commencer à pleuvoir

____

2. nous / regarder des vidéocassettes / des amis / venir nous rendre visite

____

3. je / aller à Dijon / la voiture / tomber en panne

____

4. tu / faire de la gymnastique / tu / se casser la jambe

____

5. Papa / finir de préparer le dîner / Maman / rentrer à la maison

____

6. Jeanne et Sabine / être au centre commercial / Sabine / perdre son sac à main

____

7. tout le monde / chercher notre chien perdu / Jacques / le trouver au sous-sol

____

8. moi, je / se reposer / des amis / téléphoner

____

B. Un mauvais souvenir. *André Moreau is talking about a bad day that he remembers all too well. Complete his story by filling in the blanks with the appropriate form of the imperfect or the* ***passé composé****.*

C'était le jour où j'allais partir en vacances, je ______________ (*se réveiller*) trop tard. En plus de cela, il ______________ (*faire*) mauvais. Le ciel ______________ (*être*) couvert et il ______________ (***pleuvoir***). Plus tard on ______________________ (***annoncer***) à la radio qu'il ______________________ (***aller***) neiger. Ça ______________________ (***commencer***) bien! J(e) ______________________ (***décider***) de me préparer et j(e) ______________________ (***faire***) mes valises. J(e) ______________________ (***essayer***) de téléphoner pour appeler un taxi, mais toutes les lignes ______________________ (***être***) occupées. Finalement, après une demi-heure d'attente, j(e) ______________________ (***pouvoir***) trouver un taxi. Le chauffeur de taxi ______________________ (***ne pas être***) prudent et j(e) ______________________ (***avoir***) très peur d'avoir un accident. Heureusement, nous ______________________ (***avoir***) de la chance et nous ______________________ (***arriver***) à l'aéroport sans incident. Quand j(e) ______________________ (***finalement trouver***) le guichet (***ticket counter***), il y ______________________ (***avoir***) déjà cinquante autres personnes qui ______________________ (***attendre***) pour acheter leurs billets. Pendant que j(e) ______________________ (***attendre***), j(e) ______________________ (***faire***) la connaissance d'un autre voyageur qui ______________________ (***aller***) aussi à Rome. Nous ______________________ (***décider***) de voyager ensemble. Finalement, notre tour (***turn***) ______________________ (***arriver***) et nous ______________________ (***acheter***) nos billets. Mais à ce moment-là, un employé nous ______________________ (***expliquer***) que nous ______________________ (***ne pas pouvoir***) partir parce que les pilotes ______________________ (***venir de***)* décider de faire la grève.

C. Un souvenir. *Describe a first day of school that you remember well (the first day of kindergarten, first grade, high school, college, etc.). Tell what the weather was like, what you were wearing, what happened, what the teachers were like, where you went, what you ate, etc. Be sure to use the appropriate forms of the imperfect or the* ***passé composé****, as required by the context of your story.*

____

____

____

____

____

____

____

____

*When venir de is used in the sense of "to have just," only the imperfect can be used to express a past action.

NOM ______________________ DATE ______________ CLASSE ______________

Les verbes *connaître* et *savoir*

A. Commérages* (Gossip).** *Madame Simon and Madame Henri are talking about different things that are going on in their neighborhood. Fill in each of the blanks in the conversation with the appropriate form and tense of the verbs* ***savoir *and* ***connaître****.*

MME HENRI ______________-vous la nouvelle? Ma petite voisine Michèle va bientôt se marier.

MME SIMON Oui, je ______________ cela depuis une semaine, mais je ne ______________ pas le fiancé. Le ______________-vous?

MME HENRI Non, nous ne le ______________ pas très bien, mais nous ______________ qui est son père. Vous ______________, nous habitons ici depuis seulement un an et il est difficile de ______________ tout le monde en si peu de temps.

MME SIMON Oui, c'est vrai. Autrefois, nous ______________ bien les habitants de ce quartier, et maintenant avec tant de changements, je ne ______________ même pas tous les magasins de la ville. Je ______________ où aller faire la plupart (*most*) de mes courses.

MME HENRI: À propos de magasin, ______________-vous qu'on va ouvrir une nouvelle boutique de vêtements au coin de la rue? On dit que les propriétaires vont lancer une campagne publicitaire pour attirer (*attract*) les clients et pour ______________ si leurs articles vont bien se vendre.

MME SIMON Oui, je le ______________, et mes enfants le ______________ aussi. C'est le fils du commerçant qui leur a parlé de cela. Ils ______________ ce garçon l'année dernière, parce qu'ils étaient dans la même classe que lui.

B. On ne sait pas tout. *Make a list of people, places, and things that you don't know.*

MODÈLES **Je ne connais pas le président des États-Unis.**
Je ne sais pas parler italien.

____

____

____

____

____

____

Intégration et perspectives

A. Conversation. *Imagine that the narrator and the person described in* ***Déjeuner du matin*** *are having a conversation. In the space provided, indicate how you think the person described in the poem would answer these questions.*

1. Qu'est-ce qui ne va pas?

 ____

2. Pourquoi est-ce que tu ne te sens pas heureux?

 ____

3. Pourquoi est-ce que tu refuses de me parler?

 ____

4. Est-ce que tu es inquiet au sujet de quelque chose?

 ____

5. Pourquoi veux-tu me quitter?

 ____

6. Où est-ce que tu vas aller?

 ____

7. Qu'est-ce que je peux faire pour te rendre heureux?

 ____

8. Est-ce que tu sais ce que tu veux?

 ____

9. Est-ce que tu vas revenir un jour?

 ____

10. Qu'est-ce que je vais devenir sans toi?

 ____

B. Vos héros et héroïnes. *Choose three historical figures that you admire or that interest you and tell briefly who they were, what they did, and why you admire them.*

1. ______________________________

 ____

 ____

2. ____

____

____

3. ____

____

____

C. Rétrospective. *Imagine that twenty years from now you are telling your children what life was like when you were a university student. Use the questions below as a guide.*

Comment étaient les étudiants en général? Quelles sortes de cours avaient-ils? À quelles sortes d'activités pouvaient-ils participer pendant leur temps libre? Est-ce que vous aviez de bons amis et que faisaient-ils dans la vie? Qu'est-ce que vous aimiez faire pour vous amuser quand vous sortiez avec vos amis? Parmi vos amis ou connaissances (***acquaintances***) de cette époque-là, est-ce qu'il y a une personne qui vous a beaucoup influencé(e)? Comment? Est-ce quil y a eu des événements importants qui ont marqué cette époque de votre vie?

____

____

____

____

____

____

____

____

____

____

NOM ______________________ DATE ____________ CLASSE ______________

PARTIE ORALE

Mise en train

13.1 Sentiments. *Some people are talking about their lives or about what has happened recently. As you listen, jot down what each person says in English, and then decide which emotion is being expressed by underlining the appropriate word below. You will hear each item twice.*

MODÈLE
You hear: Je n'ai pas de problèmes dans ma vie: je réussis bien dans mes études, et je m'entends bien avec mes parents. Tout va bien pour moi.
You jot down: **no problems; doing well in school; gets along with parents**
You underline: **le bonheur.**

1. ______________________________

   a. la surprise b. l'inquiétude c. la tristesse

2. ______________________________

   a. l'espoir b. le bonheur c. la jalousie

3. ______________________________

   a. la jalousie b. la surprise c. l'amour

4. ______________________________

   a. la tristesse b. l'inquiétude c. le bonheur

L'imparfait

13.2 Situation: Souvenirs d'autrefois. *p. 282*

13.3 Pourquoi? *p. 284 A*

13.4 De bons souvenirs. *p. 284 C*

13.5 Souvenirs. *André Fournier is telling his grandchildren what life was like when he was growing up. Decide if each of his memories is happy or not, and underline **OUI** or **NON** in your lab manual. You will hear each statement twice.*

MODÈLE
You hear: Mon grand-père nous racontait des histoires passionnantes des voyages qu'il faisait pendant son service militaire. J'aimais bien l'écouter.
You underline: **OUI**.

1. OUI NON
2. OUI NON
3. OUI NON
4. OUI NON
5. OUI NON
6. OUI NON
7. OUI NON
8. OUI NON

L'imparfait et le passé composé

13.6 Situation: La naissance de Christine. *p. 286*

13.7 Pourquoi? *p. 288 A*

13.8 Que faisiez-vous? *p. 288 B*

13.9 Raisons. *Some people are telling why certain things did or did not happen. Decide whether or not the reasons given are appropriate, and underline* ***OUI*** *or* ***NON***. *You will hear each statement twice.*

MODÈLE You hear: Paul a téléphoné à Gisèle parce qu'il ne voulait pas lui parler.
You underline: **NON.**

1. OUI NON
2. OUI NON
3. OUI NON
4. OUI NON
5. OUI NON
6. OUI NON
7. OUI NON
8. OUI NON

Les verbes *connaître* et *savoir*

13.10 Situation: Des nouveaux venus dans le quartier. *p. 290*

13.11 Est-ce que vous les connaissez? *p. 292 A*

13.12 Qui sait nager? *p. 293 B*

13.13 Quelqu'un qui sait toujours tout. *p. 293 C*

13.14 Un cambriolage. *Monsieur and Madame Lévêque discovered that someone has broken into their home, and you are the police officer taking the theft report. Jot down in English what they tell you. You will hear each statement twice.*

MODÈLE You hear: Nous savons que quelqu'un est entré dans la maison hier soir après minuit.
You jot down: **know that someone came into house last night after midnight**

1. ______________________________
2. ______________________________
3. ______________________________
4. ______________________________
5. ______________________________
6. ______________________________

Intégration et perspectives

13.15 Souvenirs. *Listen as Kiwele Shamavu talks about his grandfather. Then answer the questions below in English. You will hear the passage twice.*

1. What is Kiwele's life like now?

____

____

2. What role did his grandfather play in their village?

____

3. What did the villagers think of his grandfather? Why?

____

____

4. What did Kiwele's grandfather advise him to do?

____

____

5. Does Kiwele's family still live in the village where he grew up?

____

____

13.16 Nostalgie. *Georges is reminiscing about a memorable vacation that he and his wife Brigitte took. Write what he says during the pauses provided. You will hear each line twice, then the entire passage will be read a third time so that you can check your work.*

1. ______________________________
2. ______________________________
3. ______________________________
4. ______________________________
5. ______________________________

13.17 Et vous? *A friend is asking you about your childhood. Stop the tape after each question and write an appropriate answer. You will hear each question twice.*

1. ______________________________
2. ______________________________

3. ______________________________

4. ______________________________

5. ______________________________

6. ______________________________

7. ______________________________

NOM ______________________ DATE ______________ CLASSE ______________

CHAPITRE 14

Le monde et l'avenir

PARTIE ÉCRITE

Mise en train

A. Actualités. *The following headlines have been taken from French-language magazines and newspapers. Using vocabulary from pages 300 to 303 of your text as a guide, decide into which category each headline fits.*

MODÈLE

Nouvelle menace de grève

C'est un article sur les grèves.

1. LUTTE A L'INFLATION

Bouey propose de limiter la hausse des salaires à 6%

____

2. **Vingt-sept ans derrière les barreaux de l'apartheid**

____

3. 

Les lessives lavent plus vert

Quels produits remplacent les phosphates dans les lessives ?
Des produits qui menacent la vie aquatique.

____

4. **Bijoutier : le métier le plus dangereux de France**

5. **La lutte des classes existe**

6. **Violence entre factions noires**
   140 morts en Afrique du Sud

7. Le séisme le plus meurtrier depuis 1906 en Californie
   Le tremblement de terre de San-Francisco a fait plus de deux cent cinquante morts

8. **TROUBLES SOCIAUX :**
   LA TENSION MONTE

9. **MAINTENANCE NUCLÉAIRE FRANCO-AMÉRICAINE**

10. **Le bébé avait été volé avec la voiture**

VOCABULAIRE:

barreau (m)	*bar*	**lessive** (f)	*laundry detergent*
hausse (f)	*increase; raise*	**lutte** (f)	*struggle*

B. Notre monde. *Current events are not all pleasant. Tell where the following "problems" are now occurring or have occurred recently, and how bad they are (were).*

MODÈLE les grèves **Les ouvriers de plusieurs usines sont en grève en ce moment. Ils veulent une augmentation de salaire et de meilleures conditions de travail.**

1. le racisme ______________________

2. la violence et les crimes ______________________

3. les inégalités sociales ______________________

4. le chômage ______________________

5. la pollution de l'environnement ______________________

6. les guerres ______________________

7. une catastrophe dans une centrale nucléaire ______________________

8. les catastrophes naturelles ______________________

Les pronoms *y* et *en*

A. Tout change. *Several people are talking about things that are now different. Following the model, re-create their statements.*

MODÈLES Autrefois, nous allions en vacances en Suisse.
Mais maintenant, nous y allons rarement.
ou **Mais l'année dernière, nous n'y sommes pas allés.**
ou **Mais l'année prochaine, nous n'allons pas y aller.**

1. L'année dernière Paul a travaillé dans un restaurant.

   Mais l'année prochaine, ______________________________

2. Autrefois tu allais chez tes parents tous les dimanches.

   Mais l'année dernière, ______________________________

3. Le trimestre dernier, j'ai passé tout mon temps à la bibliothèque.

   Mais maintenant, ______________________________

4. Il y a deux ans, nous sommes restés à l'Hôtel du Mont Blanc.

   Mais l'été prochain, ______________________________

5. Autrefois, je pensais tout le temps à mes problèmes.

   Mais maintenant, ______________________________

B. Nous sommes tous dans la même situation. *Several friends have decided that they share many of the same problems. Following the model, re-create their statements.*

MODÈLE Le mois dernier nous avons eu beaucoup de visites. Et vous?
Nous en avons eu beaucoup aussi.

1. L'année dernière vous aviez beaucoup de problèmes financiers. Et Paul?

   ____

2. Vos amis ont eu des difficultés pendant leur voyage à l'étranger. Et vous?

   ____

3. La semaine dernière les étudiants ont eu un peu trop de travail. Et les professeurs?

   ____

4. Paul a bu trop de vin vendredi soir. Et les autres invités?

   ____

5. Sylviane a plusieurs camarades de chambre. Et toi?

   ____

6. Autrefois, il y avait beaucoup de gens pauvres en France. Et aux États-Unis?

   ____

7. J'ai beaucoup de problèmes en ce moment. Et Nadine?

   ____

8. La plupart des étudiants ont un cours de maths chaque jour. Et toi?

   ____

9. J'ai besoin d'acheter plusieurs nouveaux livres. Et toi?

____

C. Questions. *Alain is asking his friends all sorts of questions about things that are going on in the world. Using the cues in parentheses, give the answers to his questions. Be sure to use* ***y*** *and* ***en*** *or direct object, indirect object and disjunctive pronouns correctly.*

MODÈLES Est-ce que les enfants d'aujourd'hui peuvent parler de leurs problèmes avec leurs parents? (oui, en général)
Oui, en général, ils peuvent en parler avec leurs parents.

Est-ce que les parents d'aujourd'hui donnent trop de liberté à leurs enfants? (oui, quelquefois)
Oui, ils leur donnent quelquefois trop de liberté.

1. Est-ce que les gens comprennent les dangers qui menacent l'environnement? (oui, bien sûr)

____

2. Est-ce qu'il y a des risques sérieux de catastrophes dans les centrales nucléaires? (oui)

____

3. Est-ce que Paul était à San-Francisco pendant le grand tremblement de terre? (oui)

____

4. Est-ce que les habitants de San-Francisco vont se souvenir longtemps de ce jour-là? (Oui, je pense)

____

5. Est-ce que tu te souviens de la dernière inondation? (oui, très bien)

____

6. Est-ce que nous pensons assez à l'environnement? (non)

____

7. Est-ce que tu peux accepter l'indifférence des gens devant des problèmes comme le racisme? (non, pas du tout)

____

8. Est-ce qu'il y a beaucoup de crimes dans notre ville? (oui, trop)

____

9. Est-ce que qu'il y a beaucoup de gens qui sont vraiment prêts à aider les sans-abri? (non)

____

D. Encore et toujours! *We all have things that we used to do. Using* ***y*** *or* ***en*** *and following the models, tell what some of these things are for you or for people you know, and whether or not you still do them.*

MODÈLES **Autrefois j'allais souvent à la plage, et aujourd'hui j'y vais encore. Autrefois mes amis avaient du temps libre, mais maintenant ils n'en ont pas beaucoup.**

1. ______________________________

____

2. ______________________________

____

3. ______________________________

____

4. ______________________________

____

5. ______________________________

____

Le futur

A. Prédictions. *Claire Voillante has had a dream in which she saw the future course of her life and that of her friends. She is sharing her dream with them. Following the model and using the appropriate forms of the future tense, re-create her statements.*

MODÈLE　je / ne pas être / riche / mais / je / être / assez heureux
Je ne serai pas riche mais je serai assez heureuse.

1. je / habiter / joli / petit / maison

____

____

2. mon futur mari et moi, nous / avoir / vie / heureux

____

____

3. mon mari / s'occuper / enfant / et / ce / être / moi / qui / travailler

____

____

4. et toi, Michel, tu / faire / études / médecine / et / tu / devenir / très célèbre

____

____

5. Jean-Claude et Micheline / ne pas finir / études / mais / ils / réussir / trouver / travail

____

____

6. et vous, Anne et Marc, vous / attendre / quelques années / pour / se marier

____

____

7. année prochaine, il / pleuvoir / pendant trois semaines / et / il / y avoir / grandes inondations

____

____

8. il / falloir / être / courageux / parce que / nous / rencontrer / beaucoup / difficultés

____

____

9. mais heureusement / nous / pouvoir / rester en contact / et / nous / être / contents de passer de bons moments ensemble

____

____

B. Objections. *Albert and Micheline have announced their engagement to their parents who aren't pleased about their decision. Write the French equivalent of their parents' comments and questions.*

1. Where will you live?

____

2. How will you earn your living?

____

3. You won't be happy if you get married now.

____

4. Will you be able to continue your studies?

____

5. Who will always do the housework?

____

6. Will we be able to visit you?

____

7. You won't have enough money.

____

8. We know that your situation will become difficult.

____

9. What will you do if your car breaks down?

____

C. Visions de l'avenir. *Complete the sentences below to indicate what you think will happen to you or other people in the future.*

1. Dans vingt ans, je _______________

____

2. Le nouveau Président des États-Unis _______________

____

3. Quand nous serons vieux, _______________

____

4. Dès que j'aurai mon diplôme, _______________

____

5. À l'avenir, les voitures _______________

____

6. Au siècle prochain, les pays du monde _______________

____

7. Dans dix ans, mon professeur de français _______________

____

8. Quand je gagnerai ma vie, _______________

____

9. Quand mes amis quitteront l'université, _______________

____

10. Quand nous serons au vingt et unième siècle, _______________

____

Les verbes *voir* et *croire*

A. Le va-et-vient habituel. *People who live in small towns are used to seeing each other at the same locations and are surprised when people don't show up. Following the model and using the appropriate forms of* ***voir****, re-create the statements made by different people.*

MODÈLE Je **vois** Jean tous les jours au stade mais hier je **ne l'ai pas vu**.

1. En général nous ________________ Madame Poiret à la boulangerie mais hier nous ________________.
2. D'habitude quand ils rentrent de l'école, les enfants ________________ nos voisins mais hier ils ________________.
3. Chaque année, Michelle ________________ ses cousins à une réunion de famille, mais l'année dernière, elle ________________.
4. Quelquefois je ________________ Jean-Luc et Marie-Claire au club de gymnastique mais hier je ________________.
5. En général, tu ________________ Madame Leblanc à l'église, mais est que tu ________________ hier?
6. Vous ________________ toujours ce vieil homme qui fait une promenade, mais hier vous ________________.

B. Opinions. *Some people are talking about their opinions on different subjects. Complete each of their statements with the appropriate form and tense of* ***croire****.*

1. Quand ils étaient très petits, mes enfants ________________ que je savais tout, mais maintenant c'est eux qui savent tout!
2. Autrefois je ________________ que la pollution n'était pas un problème sérieux, mais maintenant je ________________ que nous faire quelque chose immédiatement.
3. Beaucoup de jeunes sont naïfs: ils ________________ que le gouvernement peut trouver une solution à tous les problèmes du pays.
4. Est-ce que vous avez entendu ce que cet homme politique a dit? Je ne l'________________, et à mon avis les autres ne vont pas le ________________ non plus.
5. Tu ________________ que les décisions récentes du gouvernement ne sont pas bonnes, n'est-ce pas? Alors, il faut écrire une lettre à ton député (**representative**).

6. Récemment, nous avons fait la connaissance d'une femme qui fait de la recherche médicale. Nous

_____________________ que ses recherches vont mener à des découvertes importantes.

C. À chacun sa vérité. *Using the appropriate forms of* ***croire*** *and vocabulary you know, indicate some of the things you and others believe.*

1. Moi, je ____

____

2. Beaucoup de gens ____

____

3. Il y a des gens qui ____

____

4. J'ai un(e) ami(e) qui ____

____

5. Autrefois, je ____

____

6. Autrefois, les gens ____

____

Intégration et perspectives

A. Passé et avenir. *A middle-aged French couple are telling you their thoughts about their life and the world around them, and they want to know how you feel your future will be. Write how you would respond to each of their comments.*

MODÈLES

Quand nous étions jeunes, la pollution de l'environnement était un problème sérieux.
À mon avis, la pollution continuera à être un problème, mais je suis sûr(e) que les gens de tous les pays travailleront ensemble pour trouver une solution.

Nous avons eu quatre enfants.
Moi, je ne sais pas encore combien d'enfants j'aurai.

Le monde où nous vivions

1. Les gens ne comprenaient pas que le risque d'une guerre est toujours présent.

____

____

____

2. La surpopulation devenait un problème de plus en plus sérieux.

___

___

___

3. Les gens faisaient de leur mieux pour aider les sans-abri.

___

___

___

4. Les ouvriers faisaient souvent la grève pour protester contre les mauvaises conditions de travail.

___

___

___

Notre vie personnelle

5. Nous nous sommes mariés à l'âge de 25 ans.

___

___

___

6. Tout était cher, mais nous pouvions économiser un peu d'argent chaque mois.

___

___

___

7. Notre vie était assez agréable.

___

___

___

8. Nous n'avions pas beaucoup de temps pour nous détendre.

___

___

___

B. Citations. *Each of the following quotations (**citations**) represents an attitude about the future or a way of dealing with the present. In the space provided, explain in French what it means.*

1. Aide-toi et le ciel t'aidera. (proverbe)

____

____

2. L'homme se définit par ses actes. (Sartre)

____

____

3. Je ne pense jamais à l'avenir; il vient toujours trop tôt. (Einstein)

____

____

4. Mieux vaut tard que jamais. (proverbe)

____

____

5. Tout est pour le mieux dans le meilleur des mondes. (Voltaire)

____

____

6. Tout vient à point à qui sait attendre. (proverbe)

____

____

7. On ne fait pas d'omelette sans casser d'œufs. (proverbe)

____

____

8. En vieillissant on devient plus fou et plus sage. (proverbe)

____

____

C. Projets de vacances. *You are writing to a French friend about your vacation plans. Write what you would say in French to convey the following information.*

1. Say that you'll be in Paris soon.

____

2. Tell your friend that you believe you'll arrive on July 11.

____

3. Say that your plane will leave New York at 3:30 pm.

____

4. Say that your family won't come with you.

____

5. Say that you'll be able to stay one week.

____

6. Tell your friend that you hope he or she will have the time to travel with you.

____

7. Find out what the weather will be like in Paris that week.

____

8. Ask if you'll need an umbrella.

____

9. Say that you know that you will have a good time.

____

10. Ask if your friend knows the city well.

____

PARTIE ORALE

Mise en train

14.1 Points de vue. *Students in Madame Lafleur's history class are discussing what events might take place in the future. Decide whether each student's comment is generally optimistic (**optimiste**) or pessimistic (**pessimiste**), and underline the appropriate words in your lab manual. You will hear each statement twice.*

MODÈLE You hear: À mon avis, les gens vont travailler ensemble pour mettre fin au racisme et au sexisme dans le monde.
You underline: **optimiste**.

1. OPTIMISTE PESSIMISTE
2. OPTIMISTE PESSIMISTE
3. OPTIMISTE PESSIMISTE
4. OPTIMISTE PESSIMISTE
5. OPTIMISTE PESSIMISTE
6. OPTIMISTE PESSIMISTE
7. OPTIMISTE PESSIMISTE
8. OPTIMISTE PESSIMISTE
9. OPTIMISTE PESSIMISTE
10. OPTIMISTE PESSIMISTE

Les pronoms *y* et *en*

14.2 Situation: Qu'est-ce que tu en penses? *p. 304*

14.3 Différences. *p. 306 B*

14.4 Curiosité. *p. 307 D*

14.5 Projets de week-end. *p. 307 E*

14.6 Discussion. *Some people are talking about their lives. Listen carefully to each of their statements, and decide if you hear either the pronoun **y** or the pronoun **en**. Underline the appropriate pronoun below and write the words to which it refers. You will hear each statement twice.*

MODÈLE You hear: J'ai pris la décision de travailler pendant un an avant de continuer mes études. Qu'est-ce que tu en penses?
You underline: **en**.
You write: **de la décision de travailler**

1. y en ______________________________
2. y en ______________________________
3. y en ______________________________
4. y en ______________________________
5. y en ______________________________

6. y en ___

7. y en ___

8. y en ___

Le futur

14.7 Situation: Nos enfants. *p. 308*

14.8 J'ai confiance... *p. 311A*

14.9 Quand le ferez-vous? *p. 311 B*

14.10 C'est quand? *Several friends are talking about present, past, and future vacations. Listen to what each person says, then jot down the trip each refers to and mark when it takes place.*

MODÈLE You hear: Mes parents feront un long voyage aux États-Unis au mois de juillet.
You write: **trip to U.S. in July** and you mark the *future* column

TRIP	PAST	PRESENT	FUTURE
1.			
2.			
3.			
4.			
5.			
6.			
7.			
8.			

Les verbes *voir* et *croire*

14.11 Situation: «Loin des yeux, loin du cœur.» *p. 313*

14.12 La coupe du monde de football. *p. 314 A*

14.13 Un week-end à Paris. *p. 314 B*

14.14 Gens, scènes et paysages. *Some people are telling what they see in different situations. Jot down what each person says in English. You will hear each statement twice.*

MODÈLE You hear: Quand le professeur est entré dans la classe, il a vu que les étudiants finissaient vite leurs devoirs.

You jot down: **when professor entered classroom, he saw that students were finishing homework quickly**

1. ______________________
2. ______________________
3. ______________________
4. ______________________
5. ______________________
6. ______________________

Intégration et perspectives

14.15 Comment sera la vie? *Listen to the following interview with Professeur Barennes, in which she tells her views on what life will be like in the next century. After you listen to the interview. decide whether or not the statements below describe what she predicted, and underline* ***OUI*** *or* ***NON****. You will hear the interview twice.*

1. OUI NON Il y aura de nouvelles écoles pour les enfants.
2. OUI NON On continuera à regarder la télévision pour s'amuser.
3. OUI NON On travaillera beaucoup plus, et on aura moins de temps pour s'amuser.
4. OUI NON On prendra des vitamines spéciales pour être plus fort.
5. OUI NON Les ordinateurs feront tout le travail à la maison.
6. OUI NON On pourra visiter les autres planètes sans problème.

14.16 Prédictions. *Listen to the predictions of Madame Lavenir, and write what she says in the pauses provided. You will hear each statement twice, then the entire passage will be read once again so that you can check your work.*

1. ______________________
2. ______________________
   ____
3. ______________________
   ____
4. ______________________
   ____

***14.17* Et vous?** *A reporter is asking students at your university what they think life will be like for them after graduation. Stop the tape after each question and write an appropriate answer. You will hear each question twice.*

1. ______________________________
2. ______________________________
3. ______________________________
4. ______________________________
5. ______________________________
6. ______________________________
7. ______________________________

NOM ______________________ DATE ______________ CLASSE ______________

CHAPITRE 15

Le Québec

PARTIE ÉCRITE

Mise en train

A. Comparaisons. *You and some students from Montreal are comparing majors and the courses you're taking. Write what you would say in French to convey the following information.*

1. Tell what courses you're taking this term and what courses you'll take next term.

   ____

   ____

2. Find out if these students have already taken anthropology courses.

   ____

3. Find out if they have to take many math courses.

   ____

4. Tell what courses you would like to take.

   ____

5. Tell which of your courses is the most difficult and why.

   ____

   ____

6. Tell what you have to do in your courses (go to the language lab, write compositions, etc.).

   ____

   ____

7. Find out if they like to do science experiments.

   ____

8. Tell what expenses you have this term.

____

B. Choix de cours. *Several students are talking about courses that they are taking or that interest them. Based on the information given, complete their statements. Use the appropriate form and tense of* **suivre** *and give one or more course names.*

1. Nous nous spécialisons en langues étrangères et nous ____

2. Paul se spécialise en sciences; c'est pourquoi il ____

3. Toi, tu t'intéresses à la politique et tu ____

4. Robert et Louise s'intéressent à l'art et ils ____

5. Je voudrais être psychologue; c'est pourquoi je ____

6. Anne et vous, vous voulez être professeurs de gymnastique; c'est pourquoi vous ____

7. L'année dernière, Annick est allée en Chine; avant de partir, elle ____

8. Roger veut travailler dans le commerce; c'est pourquoi le trimestre prochain il ____

9. Je m'intéresse aussi aux mathématiques; c'est pourquoi le trimestre prochain, je ____

10. Paul aime bien s'occuper de la maison et faire la cuisine; c'est pourquoi il va ____

Les verbes *lire, écrire,* et *dire*

A. La Presse. *Several French Canadians are talking about what they like or once liked to read in* **La Presse**, *one of the major French-Canadian newspapers. Using the appropriate form and tense of* **lire** *or* **écrire**, *complete their statements.*

1. —Quand j'étais petit, je ____________________ d'abord les bandes dessinées (***comics***) mais maintenant ce sont mes enfants qui les ____________________.

2. —Mon fils Laurent ____________________ toujours les résultats des différentes compétitions sportives et ma fille Jocelyne commence par ____________________ les petites annonces parce qu'elle cherche du travail.

3. —Est-ce que tu ____________________ l'article sur la situation économique aux États-Unis que Jean-Luc Dufour ____________________ la semaine dernière?

4. —Oui. C'est un journaliste bien informé et qui ____________________ très bien. On m'a dit qu'il ____________________ une autre série d'articles le mois prochain.

5. —Eh bien, si c'est Dufour qui va les ____________________, je les ____________________ avec plaisir.

6. —Paul, est-ce que votre femme et vous, vous ____________________ le journal tous les jours?

7. —Oui, nous le ____________________ tous les jours.

8. —Est-ce que vous ____________________ aux éditeurs pour exprimer votre opinion?

9. —Autrefois je leur ____________________ de temps en temps, mais maintenant je ne leur ____________________ plus.

B. Pauvre Marc! *People have always told Marc what to do. Using the words provided and using the model as a guide, tell what people in different situations say to him.*

MODÈLE **hier au bureau:**
nous / travailler plus sérieusement
Nous lui avons dit de travailler plus sérieusement.

1. *pendant son adolescence:*
quand il était plus jeune, sa famille / se dépêcher de finir ses études

____

mais ses amis / prendre le temps de s'amuser

____

moi, je / ne pas écouter les autres et faire ce qu'il avait envie de faire!

____

2. *maintenant chez lui:*
sa femme / faire quelquefois la vaisselle

____

ses voisins / réparer sa maison

____

vous / dire ce qu'il pense

____

3. *hier au bureau:*
les autres employés / ne pas quitter le bureau à trois heures

____

son patron / l'aider à faire un rapport

____

tu / parler à ce client

____

4. *quand il sera vieux:*
ses enfants / venir leur rendre visite

____

son médecin / bien manger

____

je / prendre le temps de se reposer

____

Le conditionnel

A. Projets de week-end. *Elise is talking about what she and her friends have said they would do this weekend. Following the model, re-create her statements.*

MODÈLE Monique va faire le ménage.
Monique a dit qu'elle ferait le ménage.

1. Roger va lire un nouveau roman.

____

2. Je vais rester à la maison.

____

3. Angèle et Monique vont sortir avec des amis.

____

4. Tu vas venir me voir, n'est-ce pas?

____

5. Nous allons voir un bon film.

____

6. Ma mère va me donner de l'argent.

____

7. Mes camarades de chambre vont bien s'amuser.

____

8. Vous n'allez pas travailler.

____

B. À votre place... *Some students at Laval University are talking about what they are doing. Using the model as a guide, write what you would do in each situation.*

MODÈLE Mon amie Claire ne prend pas de notes, et après ça elle ne sait pas ce qu'elle doit étudier.
À sa place, je prendrais des notes et j'écouterais mieux en classe.

1. Paul remet toujours son travail à la dernière minute.

____

____

2. Ma camarade de chambre Gisèle me demande tout le temps de l'aider à faire ses devoirs.

____

____

3. Je n'aime pas lire les livres et les articles que mon prof de sciences politiques nous donne.

____

____

4. Les expériences en laboratoire sont très ennuyeuses; mes amis et moi, nous n'y allons presque jamais.

____

____

5. Chaque semaine, j'ai un compte-rendu à faire pour ma classe de littérature. Je déteste ça et j'attends toujours la dernière minute pour le commencer.

____

____

6. Au début de chaque trimestre, Sébastien doit emprunter de l'argent pour payer ses frais d'inscription.

____

____

7. Je ne sais pas quels cours je vais suivre le trimestre prochain.

____

____

8. Hélène n'est pas allée à sa classe de comptabilité pendant deux semaines.

____

____

C. Si j'avais le temps! *What would you do if you were free to pursue additional leisure-time activities? Indicate your preferences by answering these questions.*

1. Quelle(s) autre(s) langue(s) apprendriez-vous?

____

2. Que feriez-vous le dimanche? Et pendant la semaine?

____

3. Est-ce que vous aimeriez voyager? Si oui, où iriez-vous?

____

4. Quel(s) livre(s) est-ce que vous liriez?

____

5. Est-ce que vous écririez plus souvent à vos parents ou à vos amis?

____

6. Est-ce que vous feriez plus souvent de la gymnastique?

____

7. Est-ce que vous vous coucheriez tard?

____

8. Est-ce que vous sortiriez plus souvent que maintenant?

____

L'emploi de *si* dans la phrase conditionnelle

A. Suggestions. *Monsieur Dubois, the president of a small company in Montreal, wishes his employees did things differently. Knowing that they respond better to tactful suggestions, he rephrases the following statements. Following the model, re-create what he says.*

MODÈLE Prenez seulement une heure pour le déjeuner. Vous aurez plus de temps pour finir votre travail.
Si vous preniez seulement une heure pour le déjeuner, vous auriez plus de temps pour finir votre travail.

1. Lisez ce rapport avant d'aller à la réunion. Vous serez mieux préparés.

____

____

2. Suivez des cours d'anglais commercial. Cela vous aidera beaucoup.

____

____

3. Donnez moins de travail à votre secrétaire. Cela le rendra heureux.

____

____

4. Ne quittez pas le bureau sans me dire où vous allez. Je saurai où vous trouver quand j'ai besoin de vous.

____

____

5. Faites un effort pour être à l'heure. Vous aurez peut-être une augmentation de salaire.

____

____

6. Écrivons maintenant à M. Gillet. Il comprendra mieux notre position.

____

____

7. Faisons moins de voyages en avion. Nous économiserons de l'argent.

____

____

8. Venez parler à ces clients. Cela leur fera plaisir.

____

____

B. Point et contrepoint. *People in different interest groups don't always agree on things. Using the model as a guide, re-create statements that these people might make. Remember to use the imperfect in the* ***si*** *clause and the conditional in the result clause.*

MODÈLE *les loisirs* (*leisure activities*)
Un teenager: **Si je me couchais plus tard, j'aurais plus de temps pour être avec mes amis.**
Sa mère: **Si tu passais moins de temps avec tes amis, tu pourrais te coucher plus tôt.**

1. *les autos*

   Le public: ____

   L'industrie automobile: ____

   ____

2. *les vêtements*

   Les jeunes: ____

   Leurs parents: ____

3. *les grèves*

   Les employés: ____

   Les patrons: ____

4. *l'argent*

   Vous: ____

   Vos parents: ____

5. *l'étude du français*

   Vous: ____

   Votre professeur: ____

6. *les prix*

   Les clients: ____

   Les marchands: ____

NOM ______________________ DATE ____________ CLASSE ____________

Intégration et perspectives

A. Portrait des étudiants américains. *Using information from* **Intégration et perspectives** *as a guide, describe yourself by answering the following questions.*

1. Que pensez-vous de vos études universitaires? Sont-elles une bonne préparation pour la vie?

____

____

2. Pourquoi avez-vous choisi de continuer vos études? Pourquoi avez-vous choisi cette université?

____

____

3. Quelles sont vos ambitions dans la vie? Avez-vous déjà choisi votre future profession?

____

____

4. Quelle est la principale qualité des jeunes de votre génération? Et leur plus grand défaut?

____

____

5. Quelle est votre attitude envers le mariage? Est-ce que la plupart de vos amis ont la même attitude?

____

____

6. Qu'est-ce que vous espérez accomplir dans la vie?

____

____

B. Le marché du travail. *Imagine that you are looking for a full-time job in Canada. To which of the advertisements shown below would you respond? Using the questions as a guide and completing the letter of application provided, describe your qualifications for the position you have selected.*

Quand avez-vous terminé vos études universitaires? En quoi vous êtes-vous spécialisé(e)? Quels sont les autres cours que vous avez suivis et qui ont un rapport avec le travail que vous cherchez? Depuis quand étudiez-vous le français? Où avez-vous déjà travaillé? Quelles étaient vos responsabilités? Pourquoi vous intéressez-vous à ce travail en particulier et quels sont les qualités et talents que vous possédez? Quand arriverez-vous à Montréal et quand pourrez-vous commencer à travailler?

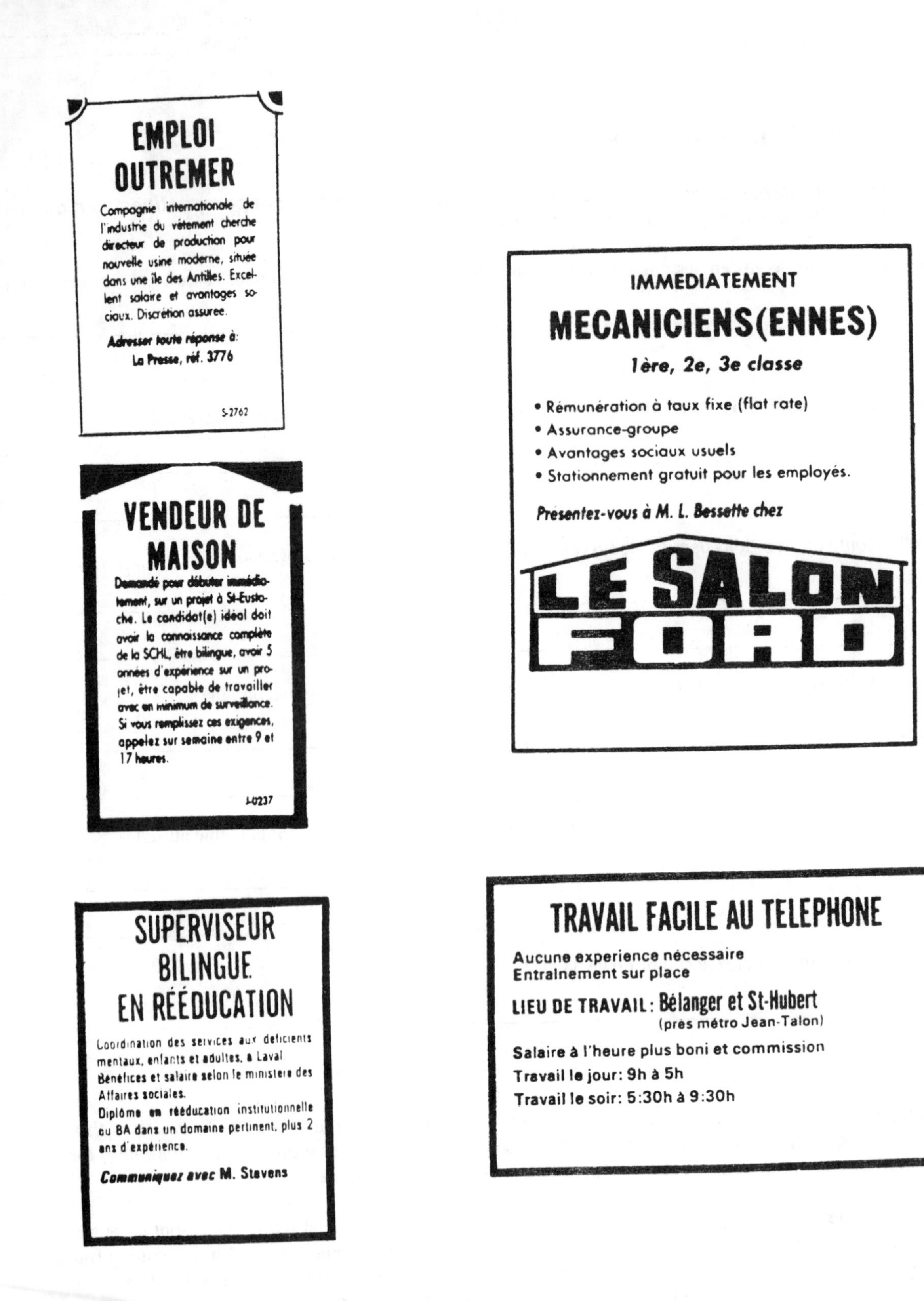
EMPLOI OUTREMER

Compagnie internationale de l'industrie du vêtement cherche directeur de production pour nouvelle usine moderne, située dans une île des Antilles. Excellent salaire et avantages sociaux. Discrétion assurée.

Adresser toute réponse à:
La Presse, réf. 3776

S-2762

VENDEUR DE MAISON

Demandé pour débuter immédiatement, sur un projet à St-Eustache. Le candidat(e) idéal doit avoir la connaissance complète de la SCHL, être bilingue, avoir 5 années d'expérience sur un projet, être capable de travailler avec un minimum de surveillance. Si vous remplissez ces exigences, appelez sur semaine entre 9 et 17 heures.

J-0237

IMMEDIATEMENT
MECANICIENS(ENNES)
1ère, 2e, 3e classe

- Rémunération à taux fixe (flat rate)
- Assurance-groupe
- Avantages sociaux usuels
- Stationnement gratuit pour les employés.

Présentez-vous à M. L. Bessette chez

SUPERVISEUR BILINGUE EN RÉÉDUCATION

Coordination des services aux déficients mentaux, enfants et adultes, à Laval. Bénéfices et salaire selon le ministère des Affaires sociales.
Diplôme en rééducation institutionnelle ou BA dans un domaine pertinent, plus 2 ans d'expérience.

Communiquez avec M. Stevens

TRAVAIL FACILE AU TELEPHONE

Aucune experience nécessaire
Entraînement sur place

LIEU DE TRAVAIL: Bélanger et St-Hubert
(près métro Jean-Talon)

Salaire à l'heure plus boni et commission
Travail le jour: 9h à 5h
Travail le soir: 5:30h à 9:30h

VOCABULAIRE:

assurance-groupe (f) *group insurance*
avantages sociaux *benefits*
boni (m) *bonus*
débuter *begin*
déficients mentaux *mentally handicapped*
entraînement (m) *training*
exigences (f) *requirements*
stationnement gratuit *free parking*
vendeur de maison *real estate agent*

______________ le ______________
(lieu) (date)

Monsieur ou Madame,

En réponse à l'annonce que vous avez placée dans le journal d'hier, je voudrais présenter ma candidature pour le poste en question.

____

____

____

____

____

____

____

____

____

____

Veuillez agréer, Monsieur ou Madame, l'expression de mes sentiments les plus respectueux.

____
(votre signature)

C. Imagination sans frontière. *There is a saying in French,* ***«Avec des si, on mettrait Paris dans une bouteille»(si la bouteille était assez grande; si Paris était plus petit...).*** *What, in your opinion, are the problems that could be solved, the dreams that could be realized, or the fantasies that could come true, with the magic word* ***si****?*

MODÈLE **Si tous les gens du monde essayaient de s'entendre, nous pourrions vivre en paix.**

1. ____

____

2. ____

____

3. ____

____

4. ______________________________

____

5. ______________________________

____

6. ______________________________

____

NOM ______________________ DATE ____________ CLASSE ____________

PARTIE ORALE

Mise en train

15.1 Perspectives. *Some students are discussing their feelings about the university. Decide whether each student's comment reflects an attitude that is favorable or not, and underline **OUI** or **NON** below. You will hear each statement twice.*

MODÈLE You hear: Les livres et les fournitures scolaires que je viens d'acheter ont coûté si cher que maintenant je n'ai pas assez d'argent pour payer mon loyer.
You underline: **NON**

1. OUI NON
2. OUI NON
3. OUI NON
4. OUI NON
5. OUI NON
6. OUI NON
7. OUI NON
8. OUI NON

Les verbes *lire, écrire,* et *dire*

****15.2 Situation: Le courrier des lecteurs.*** *p. 237*

****15.3 Sujets de composition.*** *p. 328 A*

****15.4 Au Québec.*** *p. 329 B*

****15.5 On dit ce qu'on pense.*** *p. 329 C*

15.6 Conseils. *Many people love to make comments and give advice to everyone they know. Decide if the advice or comment in each of the statements you hear is good (**bon**) or bad (**mauvais**), and circle the appropriate words in your lab manual. You will hear each statement twice.*

MODÈLE You hear: Serge ne m'a pas dit qu'il a eu un accident avec ma voiture.
You underline: **mauvais**.

1. bon mauvais
2. bon mauvais
3. bon mauvais
4. bon mauvais
5. bon mauvais
6. bon mauvais
7. bon mauvais
8. bon mauvais

Le conditionnel

****15.7 Situation: Un nouvel appartement.*** *p. 330*

****15.8 Chacun a des responsabilités.*** *p. 332 A*

15.9 Je me suis trompée. *p. 332 B*

15.10 Le temps des verbes. *It's important to be able to recognize and distinguish among verb tenses. Listen as Monsieur Gauthier, a science professor, speaks to his students, and decide whether you hear him use the imperfect, the future, or the conditional. Mark with a check the appropriate column in your lab manual. You will hear each item twice.*

MODÈLE You hear: Je préparais un examen quand vous êtes entré dans mon bureau.
You mark: the *imperfect* column.

	IMPERFECT	FUTURE	CONDITIONAL
1.			
2.			
3.			
4.			
5.			
6.			
7.			
8.			

L'emploi de *si* dans la phrase conditionnelle

15.11 Situation: Projets de voyage. *p. 334*

15.12 Interview. *p. 335 B*

15.13 Si c'était possible... *p. 335 A*

15.14 Vacances au Québec. *Some friends are planning to take a vacation together in Quebec. In the space provided, jot down what each person says in English. You will hear each statement twice.*

MODÈLE You hear: Si tu acceptais de faire du camping, nous n'aurions pas besoin d'aller à l'hôtel.
You jot down: **if you agreed to go camping, wouldn't need to go to hotel**

1. ______________________________
2. ______________________________
3. ______________________________
4. ______________________________
5. ______________________________
6. ______________________________

Intégration et perspectives

15.15 Différences d'opinion. *Claude Fortin and his father are discussing what courses he should take at the university. Listen to their conversation, then answer the questions in your lab manual in English. You will hear the conversation twice.*

1. What subject is Claude interested in?

______

2. Why isn't his father happy about his choice?

______

3. Why is Claude attending the university?

______

4. What courses does Claude's father suggest he take?

______

5. Does Claude decide to take his father's advice? Why or why not?

______

______

15.16 Rêves. *André is thinking about what his life would be like if he won the lottery. During the pauses provided, write what he says. You will hear each line twice, then the entire passage will be read once again so that you can check your work.*

1. ______
2. ______
3. ______

______

4. ______

15.17 Et vous? *A Canadian university student wants to find out how your university experiences compare to hers. Stop the tape after each question and write an appropriate answer. You will hear each question twice.*

1. ______
2. ______
3. ______
4. ______
5. ______

6. ____

7. ____

8. ____

CHAPITRE 16

Sports et loisirs

PARTIE ÉCRITE

Mise en train

A. Le coin des sportifs. *Several people are talking about sports. Using the words and phrases provided, re-create their statements or questions. Be sure to use the proper verb with each sport, and that each verb is in the proper tense.*

MODÈLE André / ne jamais / sport
André ne fait jamais de sport.

1. Thérèse / toujours / marche à pied / avant le déjeuner

____

2. hier, je / natation / pendant deux heures

____

3. depuis combien de temps / vous / tennis?

____

4. Anne / ne pas / ski / parce que / elle / se casser la jambe

____

5. la semaine dernière, mes frères / chasse

____

6. s'il fait beau / nous / golf / demain

____

7. quand / nous / être / jeunes / nous / souvent / basket-ball

____

8. préférer / vous / base-ball / ou / natation?

____

B. Sports et loisirs. *Indicate what sports you, your friends, or Americans in general might enjoy in the following situations. Using the example as a guide, complete each sentence, mentioning at least two sports.*

MODÈLE Quand mes parents vont à la plage, ils **nagent ou ils vont à la pêche .**

1. En automne, les Américains aiment ______________________________

____

2. Quand nous sommes à la campagne, nous ______________________________

____

3. Pour les gens qui aiment les sports d'été, il y a______________________________

____

4. Quand on va à la montagne, on ______________________________

____

5. Pour être en bonne condition physique, beaucoup de gens______________________________

____

6. De plus en plus d'Américains ______________________________

____

7. Quand j'ai besoin de me détendre, je______________________________

____

8. Aux États-Unis, on ne joue pas souvent ______________________________

____

Les pronoms interrogatifs

A. Au téléphone. *Sabine Aumont is talking on the phone to a friend about sports. Using Sabine's answers as a guide, imagine the questions the friend asks. Your choice of interrogative pronouns will depend on the words underlined in each answer.*

MODÈLE L'AMIE: ***Qui** (or **Qui est-ce qui) a gagné le match?***
Sabine: Je ne sais pas qui a gagné le match.

1. L'AMIE: ______________________________?
SABINE: Le karaté est un sport d'origine japonaise.

2. L'AMIE: ______________________________?
SABINE: Je m'intéresse au golf et au ski nautique.

3. L'AMIE: ______________________________?
SABINE: À mon avis, Eddie Merckx était le meilleur coureur cycliste.

4. L'AMIE: ____?
   SABINE: Je préfère jouer au tennis avec mes amis.

5. L'AMIE: ____?
   SABINE: À mon avis le hockey est le sport le plus violent.

6. L'AMIE: ____?
   SABINE: On a besoin de bonnes chaussures pour faire de la marche à pied.

7. L'AMIE: ____?
   SABINE: C'est Georges Delporte, le meilleur joueur de notre équipe de football.

8. L'AMIE: ____?
   SABINE: J'aime regarder les championnats de tennis à la télé.

B. Sondage. *Using the pronouns given, create a ten-item questionnaire that you might use to survey young French people's attitudes about sports and fitness.*

MODÈLES (quels) **Quels sports pratiquez-vous pour rester en bonne condition physique?**
(comment) **Comment trouvez-vous le temps de faire du sport?**

1. (qu'est-ce que) ____
2. (qui—**sujet**) ____
3. (qu'est-ce qui) ____
4. (à quoi) ____
5. (qui est-ce que) ____
6. (quand) ____
7. (quels) ____
8. (qui—**objet**—*use inversion*) ____
9. (où) ____
10. (que) ____

La négation

A. Le choc du futur! *Pierre Vieujeu fears the rapid sociological changes that are occurring. Using the cues provided, re-create his complaints. Be sure to use both parts of the negative in each sentence.*

MODÈLE les gens / plus / avoir envie / aider les autres
Les gens n'ont plus envie d'aider les autres.

1. rien / simple / de nos jours

____

2. pour beaucoup / jeunes / mariage / avoir / aucune / importance

____

3. ni / religion / ni / famille / avoir / assez / importance / dans / vie / moderne

____

____

4. jeunes / plus / respecter / parents

____

5. personne / vouloir / avoir / enfants

____

6. jeunes / rien / vouloir / faire

____

7. gens / s'intéresser / que / argent

____

8. on / jamais / penser / avenir

____

B. Différences d'opinion. *Jean-Paul, who has an optimistic outlook, is talking with his more pessimistic friend Roger. Following the model and using the appropriate negative expression, re-create Roger's comments.*

MODÈLE Tout est simple dans la vie.
Rien n'est simple dans la vie.

1. Tout le monde est content de nos jours.

____

2. On peut toujours changer sa façon de voir les choses.

____

3. On peut encore espérer que les choses vont s'arranger.

____

4. Je comprends les causes et les conséquences de la situation actuelle (*current*).

____

____

5. On peut tout contrôler.

____

6. Tout marche bien dans notre pays.

____

7. L'humanité a toujours eu le courage de faire face à sa condition.

____

8. Tout le monde m'a aidé quand j'avais des problèmes.

____

9. Notre société a toujours respecté tout le monde.

____

10. Je pense que j'ai toujours tout compris.

____

Les pronoms relatifs

A. La future championne. *Martine is an up-and-coming tennis player. Fill in the blanks in her statements with the appropriate relative pronouns.*

Je suis une joueuse ______________ adore la compétition et ______________ espère participer un jour aux grands matchs internationaux ______________ vous voyez à la télévision. ______________ m'intéresse dans ce sport, c'est le respect ______________ existe entre les joueurs ______________ le nom est très connu. ______________ je déteste, c'est d'être obligée de me lever tous les matins à six heures pour l'entraînement (*training*) ______________ je dois suivre. Je ne sais pas encore contre ______________ je vais jouer dans mon prochain match, mais ______________ je suis certaine, c'est que mon équipe compte sur moi.

B. Réactrice sportive. *As the sports editor for a newspaper, Renée Lepoint often rephrases in a more sophisticated way by combining shorter sentences into longer ones. How might she rephrase the following pairs of sentences? Be sure to use the appropriate relative pronoun in each.*

MODÈLE Cet athlète a un style très dynamique. Il est bien connu dans le monde du sport.
Cet athlète, qui est bien connu dans le monde du sport, a un style très dynamique.

1. Un match de football a eu lieu (*took place*) hier soir. Tous les spectateurs étaient contents du match.

____

____

2. Nous venons de voir un jeune joueur de tennis italien. Il commence à attirer (*attract*) l'attention du public.

3. Pelé était un grand joueur de football. Son talent pouvait impressionner les spectateurs.

4. C'est l'histoire d'un athlète. Tout le monde respecte cet athlète.

5. Voici le plan d'un nouveau stade. L'équipe aura vraiment besoin de ce stade si elle veut continuer à attirer des spectateurs.

6. C'est un excellent coureur cycliste. Notre entraîneur a connu ce cycliste quand il était au lycée.

C. Votre point de vue. *A French friend has asked you to describe your views about sports. Present your opinions by using the cues provided and the appropriate relative pronouns. Discuss sports in general or, if you prefer, one particular sport.*

MODÈLE (an athlete who has influenced his or her sport very much)
À mon avis, Julius Irving est un joueur de basket-ball qui a beaucoup influencé ce sport.

1. (the athlete who is the most interested in helping young people)

2. (a team whose games are always exciting)

3. (what is important for athletes who want to succeed)

4. (what too many athletes are preoccupied with)

5. (an athlete that many people don't understand)

6. (the team that has the least talent)

____

Intégration et perspectives

A. Événements sportifs. *You and some friends are planning a trip to Quebec and you are looking at a brochure that describes some sporting events that take place in various regions of the province. Indicate your interests and preferences regarding these events by answering the questions.*

Le Tour de l'île
La plus grande manifestation cycliste du monde. Les rues de la ville sont prises d'assaut par 35 000 participants, sur une distance de 68 km.
3 juin
Montréal

Grand Prix Molson du Canada
Championnat mondial de Formule 1 mettant aux prises les meilleurs pilotes du monde sur le Circuit Gilles-Villeneuve.
8 – 10 juin
Montréal, Île Notre-Dame

Maski-Courons
Festivités de plein air entourant des épreuves de course à pied et de marche. Plus de 800 participants et 50 000 spectateurs.
10 juin
Saint-Gabriel-de-Brandon

Les 24 heures de la voile
Compétition de voile dans le décor enchanteur du lac des Sables.
30 juin – 1er juillet
Sainte-Agathe-des-Monts

Traversée internationale du lac Memphrémagog
Marathon de nage entouré d'activités sportives et culturelles.
13 – 22 juillet
Magog-Orford

Traversée internationale du lac Saint-Jean
Une huitaine de gaieté prépare l'atmosphère pour la course aller-retour de 64 km. Des nageurs de partout relèvent le défi.
20 – 29 juillet
Roberval

Festivoile d'Aylmer
Compétitions nautiques nationales, provinciales, régionales (catamaran et planche à voile).
27 juillet – 5 août
Aylmer

Challenge Player's
Championnat professionnel canadien de tennis féminin mettant en vedette les têtes d'affiche du sport.
28 juillet – 5 août
Montréal, Parc Jarry

Festival international de la bicyclette de Hull
Dans les rues de Hull, le vélo est roi. Compétitions, spectacles et activités culturelles.
1er – 5 août
Hull

Grand Prix de Trois-Rivières
Compétitions automobiles de calibre international, telle la série Trans-Am, dans les rues de la ville.
17 – 19 août
Trois-Rivières

Grand Prix cycliste des Amériques — Coupe du monde
Compétition qui met en lice les meilleurs cyclistes du monde.
30 septembre
Montréal

VOCABULAIRE:

course à pied	*running*	**met en lice**	*puts on the list*
entourant	*surrounding*	**mettant en vedette**	*putting the spotlight on*
épreuves	*events*	**relèvant le defi**	*take up the challenge*
huitaine	*week*	**têtes d'affiche**	*headliners*
mettant aux prises	*putting in gear*		

1. Une de vos amies s'intéresse à la planche à voile. À quel(s) événement(s) pourrait-elle participer?

___

2. Quels événements vous intéresseraient le plus? et le moins? Expliquez.

___

___

3. À quel(s) événement(s) voudriez-vous participer vous-même? À quel(s) autre(s) événement(s) voudriez-vous simplement aller voir? Expliquez.

___

___

4. Qu'est-ce qui intéresserait vos amis? Pourquoi?

___

___

5. Où pourrait-on aller pour voir ou pour participer à un marathon?

___

6. Qu'est-ce qui se passe le 30 septembre à Montréal? Auriez-vous envie d'y aller? Pourquoi ou pourquoi pas?

___

___

7. Si vous alliez prendre vos vacances en juillet, où pourriez-vous aller?

___

8. À quoi les gens qui participeront au Grand Prix de Trois-Rivières s'intéressent-ils?

___

B. Les Américains et le sport. *A French friend has asked you to explain how Americans feel about sports. Use the following questions as a guide. Remember that you're trying to give a general picture of Americans' taste in sports, not those of a particular group.*

1. Quels sont les sports préférés de la plupart des Américains?
2. Pourquoi s'intéresse-t-on autant à ces sports?

NOM ______________________ DATE ____________ CLASSE ____________

3. Quelle importance le sport a-t-il dans les universités américaines?
4. À quels sports les enfants participent-ils le plus?
5. Qui sont les athlètes les plus admirés et les moins admirés? Pourquoi?
6. Quels sports les Américains regardent-ils à la télé, et quels sports préfèrent-ils pratiquer eux-mêmes?
7. À quel(s) sport(s) les Américains ne s'intéressent-ils pas du tout?
8. Quels sports pratique-t-on en famille?

____

____

____

____

____

____

____

____

____

____

C. La France des sentiers. *Imagine that you and a group of friends have decided to spend a month hiking in France. Using the questions and the following map as a guide, tell what you would do.*

Quel serait votre itinéraire et pourquoi? Où passeriez-vous la nuit—à la belle étoile (*outdoors*), dans des hôtels, dans des auberges de jeunesse? Mangeriez-vous dans des restaurants ou feriez-vous votre propre cuisine? Qu'est-ce que vous emporteriez dans votre sac-à-dos—une lampe de poche, un sac de couchage (*sleeping bag*), de la nourriture? Quels vêtements porteriez-vous? Quelles précautions prendriez-vous avant de partir? Et au cours du voyage? Que feriez-vous pour vous détendre le long de la route? Comment organiseriez-vous chaque journée (*day*)?

PARTIE ORALE

Mise en train

16.1 Projets de vacances. *Élise and Gilles Clébert are discussing where they might take their vacation. Based on the information below, decide if the statements Élise and Gilles make are true (**VRAI**) or false (**FAUX**), and underline the appropriate words. You will hear each item twice.*

MODÈLE You hear: J'ai envie d'aller au Cros-de-Cagnes parce qu'on peut y faire du ski nautique.
You underline: **FAUX**.

LA COTE	Piscine	Plongée sous-marine	Ski nautique	Voile	Tennis	Équitation	Sentiers de promenade	Golf et nombre de trous
	Sports de plein air							
Agay	–	–	✓	✓	✓	–	–	–
Aiguebelle	✓	–	–	–	–	–	–	–
Anthéor	–	–	–	–	–	–	–	–
Antibes	✓	✓	✓	✓	✓	–	–	–
Ayguade-Ceinturon	–	–	✓	–	–	–	–	–
Bandol	–	✓	–	✓	✓	–	–	–
Beaulieu-sur-Mer	–	✓	✓	✓	✓	–	✓	–
Beausoleil	–	–	–	–	✓	–	–	18
Beauvallon	–	–	–	–	✓	✓	–	9
Bendor (Ile de)	–	–	✓	✓	–	–	–	–
Boulouris	–	–	✓	✓	✓	–	–	–
Cannes	✓	✓	✓	✓	–	✓	–	–
Cap d'Ail	–	–	–	–	–	–	–	–
Cap d'Antibes	–	–	✓	–	✓	–	–	–
Carqueiranne	–	✓	–	–	–	–	–	–
Cassis	–	✓	✓	✓	✓	✓	✓	–
Cavalaire-sur-Mer	–	–	✓	✓	✓	✓	✓	–
Cavalière	–	–	–	–	✓	–	–	–
Ciotat (La)	–	–	✓	✓	✓	✓	–	–
Croix-Valmer (La)	–	✓	–	✓	✓	–	–	–
Cros-de-Cagnes	–	✓	✓	✓	–	–	–	–
Èze-Bord-de-Mer	–	–	–	–	✓	–	–	–
Fréjus-Plage	–	✓	✓	–	–	–	✓	–
Garonne (La)	–	–	–	–	–	–	✓	–

1. VRAI FAUX
2. VRAI FAUX
3. VRAI FAUX
4. VRAI FAUX
5. VRAI FAUX
6. VRAI FAUX
7. VRAI FAUX
8. VRAI FAUX

Les pronoms interrogatifs

****16.2 Situation: Un match de football.*** *p. 347*

16.3 Un vrai fiasco. *p. 349 A*

16.4 Des Américains à Paris. *p. 349 C*

16.5 Interviews. *Martine Lasalle, a sports reporter, is looking over answers from the interviews she did today. These answers are shown below. Decide whether or not the answers are appropriate for the questions you hear and underline **OUI** or **NON.** You will hear each item twice.*

MODÈLE You hear: Qu'est-ce que c'est?
You see: Nous venons de gagner le match le plus important de la saison.
You underline: **NON**.

1. OUI NON C'est Jacques Martin. Il a joué avec nous pendant cinq ans.
2. OUI NON Nous soulevons des poids et nous faisons de la gymnastique.
3. OUI NON Ils s'intéressent surtout à la compétition.
4. OUI NON C'est notre nouveau stade.
5. OUI NON Je pense à ma famille.
6. OUI NON C'est moi, bien sûr!
7. OUI NON Ils parlent des erreurs qu'ils ont faites au cours du match.
8. OUI NON Je ne sais pas qui c'est.

La négation

16.6 Situation: Le Tour de France. *p. 351*

16.7 Que la vie est cruelle! *p. 353 A*

16.8 Mais non, ne t'inquiète pas. *p. 353 B*

16.9 Événements. *Henri, who is very interested in health and sports, is talking about what has been going on recently. Decide whether or not he is happy with things, and underline **OUI** or **NON**. You will hear each statement twice.*

MODÈLE You hear: Je n'ai rien mangé de bon au restaurant universitaire.
You underline: **NON**.

1. OUI NON
2. OUI NON
3. OUI NON
4. OUI NON
5. OUI NON
6. OUI NON
7. OUI NON
8. OUI NON

Les pronoms relatifs

16.10 Situation: C'est sérieux? *p. 355*

16.11 Un amoureux bien malheureux. *p. 357 A*

16.12 Snobisme. *p. 358 D*

16.13 On va faire une randonnée. *p. 358 E*

16.14 Qu'est-ce qui est arrivé? *Adèle got hurt and was taken to the hospital emergency room. Jot down in English what Adèle says. You will hear each statement or question twice.*

MODÈLE You hear: Je ne sais pas ce qui m'est arrivé.
You jot down: **doesn't know what happened to her**

1. ______________________________
2. ______________________________
3. ______________________________
4. ______________________________
5. ______________________________
6. ______________________________

Intégration et perspectives

16.15 La page sportive. *Gisèle is reading the sports page aloud. Listen to what she says and then answer the following questions in English.*

1. What was the score in the soccer game between the French and British teams?

   ____

2. What team will the French meet next?

   ____

3. What did the French cycling team do to get ready for the **Tour de France?**

   ____

4. What announcement did the boxer Philippe Barbe make?

   ____

5. Why can't he defend his title against the Dutch boxer?

   ____

6. Who will the French rugby team compete against?

___

7. What is the team's attitude toward the upcoming match?

___

16.16 Une mauvaise expérience. *Jean-Claude is talking about what happened to him during last Saturday's game. Write what he says during the pauses provided. You will hear each line twice, then the entire passage will be read once again so that you can check your work.*

1. ___
2. ___
3. ___
4. ___

16.17 Et vous? *A French friend is asking you about your interest in sports. Stop the tape after each question and write an appropriate answer in French. You will hear each question twice.*

1. ___
2. ___
3. ___
4. ___
5. ___
6. ___
7. ___
8. ___

CHAPITRE 17

Les arts

PARTIE ÉCRITE

Mise en train

A. Opinions. *Answer the following questions to express your opinions about the arts.*

1. Préférez-vous posséder des peintures orginales par des artistes ou des reproductions de tableaux de peintres célèbres?

____

____

2. À votre avis, est-ce que l'art est aussi important que le sport dans notre société? Pourquoi ou pourquoi pas?

____

____

3. Est-ce que vous avez des talents artistiques ou musicaux que vous aimeriez cultiver?

____

____

4. Quels cours d'art avez-vous suivis jusqu'à présent? Y en a-t-il d'autres que vous aimeriez suivre?

____

____

5. Êtes-vous jamais allé(e) voir un ballet? Si oui, qu'est-ce que vous en pensiez? Si non, avez-vous envie d'en voir un?

____

____

6. Quelle sorte de musique préférez-vous? Quels chanteurs ou groupes aimez-vous? Avez-vous un compositeur préféré?

____

____

B. Musiciens et musiciennes. *In the space provided, list male and female musicians that you know and the instruments they play, using a variety of instruments.*

Modèle **Itzhak Perlman joue du violon.**

____

____

____

____

____

____

C. Préférences. *What are the musical and artistic preferences of people you know? For each type of music or art below, tell what various people think of it.*

MODÈLE la musique folklorique **Mon oncle et ma tante n'écoutent que de la musique folklorique. Ils la trouvent très intéressante. Moi, je n'achète jamais de disques de musique folklorique.**

1. la musique classique ______________________________
____
2. l'opéra ______________________________
____
3. le théâtre ______________________________
____
4. le jazz ______________________________
____
5. la peinture impressionniste ______________________________
____
6. la musique populaire ______________________________
____
7. le ballet ______________________________
____
8. la sculpture contemporaine ______________________________
____

NOM ____________________ DATE ______________ CLASSE ______________

Le subjonctif avec les expressions impersonnelles

A. Préoccupations artistiques. *Claire is concerned with the lack of interest in the arts in her community. Using the words and phrases provided, re-create the opinions she has expressed.*

MODÈLE il ne faut pas / vous / oublier / importance / art
Il ne faut pas que vous oubliiez l'importance de l'art.

1. il faudrait / les gens / être moins matérialistes

____

2. il est dommage / la majorité des gens / ne / savoir / ni / peindre / sculpter

____

3. il serait bon / talents artistiques de nos enfants / être / encouragés

____

4. il faut / nous / donner la possibilité / tout le monde / suivre / cours de musique

____

5. il est peu probable / enfants / aller souvent / musée / mais / il faudrait / nous / changer / ça

____

6. il faut / vous / prendre / ce problème au sérieux

____

7. il est dommage / je / ne pas pouvoir / vous / persuader

____

8. il est temps / tout le monde / faire / quelque chose / pour / trouver une solution

____

B. Suggestions. *Musical tastes of older and younger people often vary. What advice could one give to parents or people of the "older" generation who claim that they do not understand what rock is all about. Using an appropriate impersonal expression (**il faut**, **il est possible**, etc.) and following the models, indicate your reactions.*

MODÈLES avoir les mêmes goûts que les jeunes
Il n'est pas nécessaire que vous ayez les mêmes goûts que les jeunes.

poser ces questions à des jeunes
Oui, il serait bon que vous posiez ces questions à des jeunes.

1. aller à quelques concerts

____

____

2. regarder des interviews à la télévision

3. faire un effort pour comprendre

4. apprendre à jouer d'un instrument de musique

5. écouter des stations de radio où on joue du rock

6. attendre un peu avant de prendre une décision

7. avoir de la patience quand vos enfants écoutent leurs disques

8. savoir le nom de quelques groupes

9. acheter quelques vidéoclips (*music videos*)

10. respecter les préférences de vos enfants

NOM ______________________ DATE ____________ CLASSE ______________

Le subjonctif avec les verbes de volition, d'émotion et de doute

A. Opinions et réactions. *Several people are commenting on positive and negative aspects of the cultural activities available in their city. Using the cues in parentheses and an appropriate form of the indicative or subjunctive, re-create their comments.*

MODÈLE Nous nous intéressons assez à la musique. (je ne crois pas)
Je ne crois pas que nous nous intéressions assez à la musique.

1. Il y a beaucoup de choix dans les activités culturelles. (croyez-vous vraiment)

____

____

2. On peut voir beaucoup de films étrangers. (je ne pense pas)

____

____

3. Les concerts sont excellents. (ma femme ne pense pas)

____

____

4. La majorité des habitants de notre ville s'intéressent à l'art. (je suis sûr)

____

____

5. L'administration locale veut construire de nouveaux théâtres. (je doute)

____

____

6. Tout le monde comprend que les arts sont très importants. (j'espère)

____

____

7. Notre fils suit des cours de musique et de danse à l'université. (nous sommes contents)

____

____

8. Mes enfants vont souvent au ballet. (je suis surpris)

____

____

9. On verra de plus en plus de festivals et d'expositions dans notre ville. (je suis certain)

10. Beaucoup de gens iront à ce concert. (je ne pense pas)

B. Et vous, qu'est-ce que vous en pensez? *Many people have different ideas about the place that the arts should have in their lives. Indicate whether or not you agree with the following statements and why. Begin each statement with an appropriate exression such as* ***je pense, je suis sûr(e), je regrette, je doute, je ne crois pas****, and use the subjunctive if and when appropriate.*

MODÈLE On accorde trop d'importance au sport et pas assez aux arts et à la musique.
Je ne suis pas entièrement d'accord. Je ne crois pas qu'on accorde trop d'importance au sport mais je crois qu'on n'accorde pas assez d'importance aux arts.

1. L'étude de l'art a autant d'importance que l'étude des maths et des sciences.

2. Il est important d'apprendre à jouer d'un instrument.

3. Une bonne formation (*education*) artistique est essentielle pour apprécier les arts et la musique.

4. On peut être cultivé même si on n'a étudié ni l'art ni la musique.

5. La majorité des gens savent lire la musique.

____

____

____

6. Tout le monde veut posséder des peintures originales.

____

____

____

7. Les gens ont besoin d'être plus cultivés.

____

____

____

8. Nous nous contentons trop souvent de regarder la télé au lieu de lire de bons romans.

____

____

____

Les pronoms démonstratifs

A. Snobisme. *Janine, who has simple, practical tastes, is talking with her friend Marie-Chantal, who has expensive tastes. Following the model and using the cues provided, re-create Marie-Chantal's statements. Replace the underlined word(s) in each sentence with the appropriate demonstrative pronoun.*

MODÈLE J'aime les tableaux qu'on achète dans la rue. (dans une galerie d'art)
J'aime mieux ceux qu'on achète dans une galerie d'art.

1. J'aime les objets qui sont simples et utiles. (élégants et artistiques)

____

2. La voiture que je viens d'acheter est très petite. (luxueuse)

____

3. Je préfère les restaurants simples et bon marché. (où on sert des plats compliqués)

____

4. Les peintures que je préfère sont assez bon marché. (coûtent très cher)

____

5. L'appartement où j'habite est situé dans le Quartier Latin. (dans le 16e)

____

6. La nouvelle robe de ma sœur vient des Galeries Lafayette. (chez Dior)

____

7. Les amis de mon frère sont assez sympathiques. (très cultivés)

____

8. C'est ma mère qui a fait les dessins que j'ai dans ma chambre. (c'est un artiste bien connu)

____

B. Le présent ou le passé. *Are you more attracted by things of the present or things of the past? Indicate your preferences by using the appropriate form of the demonstrative pronoun in each response.*

MODÈLE la musique de notre époque / la musique de l'époque classique
Je préfère celle de l'époque classique.

1. la peinture d'aujourd'hui / la peinture de l'époque impressionniste

____

2. les vêtements qu'on porte aujourd'hui / les vêtements qu'on portait à la cour de Louis XIV

____

3. le théâtre de notre époque / le théâtre de Shakespeare

____

4. le style de vie d'aujourd'hui / le style de vie des pionniers

____

5. les films qui sont en couleur / les films qui sont en noir et blanc

____

6. la musique d'aujourd'hui / la musique que mes parents écoutaient

____

7. les amis que vous avez maintenant / les amis que vous aviez quand vous étiez enfant

____

8. les émissions qu'on montre maintenant à la télévision / les émissions qu'on montrait quand vous étiez petit(e)

____

9. les chansons d'aujourd'hui / les chansons qui étaient populaires il y a cinq ans

____

NOM ______________________ DATE ____________ CLASSE ____________

10. les danses qu'on danse aujourd'hui / les danses qu'on dansait autrefois

____

Intégration et perspectives

A. Un séjour à Montréal. *Various year-round cultural activities are available for people visiting Montreal. Based on the information given, which would interest you and which would you find less interesting and why? Indicate your reactions in the space provided.*

A longueur d'année

AQUARIUM DE MONTRÉAL La Ronde, Ile Ste-Hélène. 872-3455 Pavillon Alcan, tous les jours de 10h à 17h. Cirque Marin. Lun.-ven. à 11h, 13h30, 14h30 et 15h30, sam. à 13h30, 14h30, 15h30, 16h30, dim. à 12h, 13h30, 14h30, 15h30 et 16h30. Frais d'entrée.

CENTRALE D'ARTISANAT DU QUÉBEC 1450 St-Denis. 849-9415. Lun.-mer. de 9h30 à 17h30; jeu.-ven. de 9h à 21h; sam. de 9h à 17h. (Fermé dim.). Entrée gratuite.

CHATEAU RAMEZAY (Musée historique. Reconstitution d'un Manoir du 18e siècle) 280 est, Notre-Dame. 861-7182. Mar.-dim. de 11h à 16h30. (Fermé lun.). Frais d'entrée.

ÉGLISE NOTRE-DAME Place d'Armes. 849-1070. Tous les jours de 6h à 18h. MUSÉE: Lun.-sam. de 9h à 16h; dim. de 13h à 16h. Frais d'entrée.

GALERIE OBSERVATOIRE Banque de Commerce, 1155 ouest, Dorchester, 45e étage. 876-2156. Tous les jours de 10h à 22h. Ouvert début avril jusqu'à l'automne. Frais d'entrée.

GUILDE CANADIENNE DES MÉTIERS D'ART 2025 Peel. 849-6091. Lun.-ven. de 9h à 17h30; sam. de 10h à 17h. (Fermé dim.). Entrée gratuite.

JARDIN BOTANIQUE 4101 est, Sherbrooke. 872-3455. Tous les jours de 9h à 18h. Entrée gratuite.

JARDIN DES MERVEILLES. Jardin zoologique miniature, dans le parc La Fontaine. Ouvert de mai à septembre, tous les jours de 10h au crépuscule. Frais d'entrée.

MAISON DE RADIO-CANADA: 1400 est, Dorchester. Lun.-ven. de 10h à 20h; sam.-dim. de 10h à 17h. Réservation: Pour visites de groupes guidées 285-2692; pour enregistrement d'une émission 285-2690. Entrée gratuite.

MAISON DU CALVET Meubles anciens du Québec, 401 Bonsecours. 845-4596. Mar.-sam. de 10h à 16h45; dim. de midi à 16h45. (Fermé lun.). Entrée gratuite.

MUSÉE ARTHUR-PASCAL: Collection d'outils anciens de charpentier, 301 ouest, St-Antoine. 866-5692. Lun.-sam. de 10h à 17h. (Fermé dim.). Entrée gratuite.

MUSÉE D'ART BYZANTIN: Centre Bois-de-Boulogne, 10025 de l'Acadie. 332-5021. Lun.-ven. de 10h30 à 12h et 13h30 à 16h. Entrée gratuite.

MUSÉE D'ART CONTEMPORAIN: Cité du Havre. 873-2878. Mar., mer., ven., sam. et dim. de 10h à 16h; jeudi de 10h à 22h. (Fermé lun.). Visites guidées pour groupes. Entrée gratuite.

MUSÉES DES BEAUX ARTS 3400 ave du Musée. 285-1600. Mar.-dim. de 11h à 17h. (Fermé lun.). Frais d'entrée.

MUSÉE HISTORIQUE CANADIEN: (Musée de cire) 3715 Chemin de la Reine-Marie. 738-5959. Tous les jours de 9h à 17h. Été, de juin à sept. de 9h à 20h30. Frais d'entrée.

MUSÉE LACHINE (Musée historique) 100 Chemin LaSalle, Lachine. 634-9652. Mar.-dim. de 14h à 17h. (Fermé lun.). Entrée gratuite.

MUSÉE McCORD: 690 ouest, Sherbrooke. 392-4778. Mer.-dim. de 11h à 18h. Entrée gratuite.

MUSÉE DE L'ILE STE-HÉLÈNE: Vieux Fort, Ile Ste-Hélène. 861-6738. Ouvert tous les jours de 10h à 17h. Frais d'entrée.

MUSÉE FERROVIAIRE CANADIEN: St-Constant. (514) 632-2410. Été tous les jours de 10h à 17h. Frais d'entrée.

ORATOIRE ST-JOSEPH: 3800 Chemin de la Reine Marie. 733-8211. Tous les jours de 8h à 17h. A partir du 28 juin, récital d'orgue le mercredi à 20h et dim. à 15h30. Entrée gratuite.

PARC BELMONT: 12500 ave de Rivoli. 334-6212. Ouvert les fins de semaines à partir de la dernière semaine d'avril jusqu'à juin; en été: mer. et ven. de 10h à minuit, autres jours de midi à minuit. Frais d'entrée.

PARC OLYMPIQUE: Avenue Pierre-de-Coubertin. 252-4737. Visites guidées tous les jours de 9h à 17h. (de mai à sept.) et de 9h30 à 15h30 (d'octobre à avril). Frais d'entrée.

PLACE DES ARTS: 175 ouest, Ste-Catherine. 842-2141, poste 214. Visites guidées mar. et jeu. de 13h à 16h. (Groupes sur réservation seulement).

PLANÉTARIUM DOW: 1000 ouest, St-Jacques. 872-3455. En français: mar. et jeu. 12h15 et 21h30; mer. et ven. 14h15 et 21h30; sam. 14h15, 16h30 et 21h30; dim. 13h, 15h30, 16h30 et 21h30. (Fermé lun.). Frais d'entrée.

VOIE MARITIME: Écluse St-Lambert (Près du pont Victoria). 672-4110. Ouvert tous les jours de 9h au crépuscule durant saison de navigation, avril-décembre. Entrée gratuite.

____

____

____

____

____

____

____

____

B. Le cinéma américain. *A French friend visiting you is interested in seeing some American movies. Choose four of the movie categories below, and for each category describe a movie that you've seen or heard about.*

SUGGESTIONS:

un film comique
un film policier
un western
un film d'aventure
une comédie dramatique
un film de science-fiction
une comédie musicale

C. Les Américains et la musique. *How would you describe American music or the music that Americans like to a French friend? Use the following questions as a guide. Don't forget that you are trying to give a general idea of Americans' musical tastes, not those of a particular group.*

1. Y a-t-il un genre de musique que les étudiants américains préfèrent? Et vous, que pensez-vous de ce genre de musique?
2. Est-ce qu'on enseigne la musique dans les lycées américains? Et dans les universités?
3. À quelles activités musicales les étudiants peuvent-ils participer?
4. Quelles sont les chansons qu'on chante pour les différentes fêtes?
5. Y a-t-il des chansons que la majorité des enfants américains apprennent pendant leur enfance? Si oui, quelles chansons? Vous souvenez-vous des paroles de ces chansons?
6. Y a-t-il des chansons que votre mère (ou une autre personne) vous chantait quand vous étiez petit(e)?
7. Y a-t-il certains genres de musique ou certaines chansons qui sont typiques des différentes régions des États-Unis? Si oui, décrivez-les.
8. Quelles sont les chansons qui sont particulièrement populaires en ce moment?
9. D'après vous, quel chanteur ou quelle chanteuse représente le mieux la musique américaine? Pourquoi?

NOM ______________________ DATE ____________ CLASSE ____________

PARTIE ORALE

Mise en train

17.1 Préférences artistiques. *Several people are discussing their artistic and musical preferences. Jot down in English each person's comment. You will hear each item twice.*

MODÈLE You hear: J'aime bien l'opéra mais j'ai beaucoup de difficulté à comprendre ce qu'on dit.
You jot down: **likes opera but has trouble understanding what is said**

1. ______________________________
2. ______________________________
3. ______________________________
4. ______________________________
5. ______________________________
6. ______________________________

Le subjonctif avec les expressions impersonnelles

****17.2 Situation: On va au théâtre?*** *p. 368*

****17.3 Obligations.*** *p. 371 A*

****17.4 Vous venez à l'exposition?*** *p. 371 B*

17.5 Un futur musicien. *Albert is considering becoming a professional musician, and his friends are giving him some suggestions. Decide whether or not each of their suggestions is a good idea, and underline **OUI** or **NON** below. You will hear each item twice.*

MODÈLE You hear: Il est bon que tu saches que ce ne sera pas toujours facile.
You underline: **OUI**.

1. OUI NON
2. OUI NON
3. OUI NON
4. OUI NON
5. OUI NON
6. OUI NON
7. OUI NON
8. OUI NON
9. OUI NON
10. OUI NON

Le subjonctif avec les verbes de volition, d'émotion et de doute

****17.6 Situation: Il faut retenir nos places.*** *p. 373*

****17.7 Opinions.*** *p. 375 A*

17.8 Iront-ils au concert ou non? *p. 375 C*

17.9 Un nouveau chef d'orchestre. *Alain Fontanel has been named conductor of a small orchestra. He is talking to the musicians and other people involved in running the orchestra. Jot down what he says in English. You will hear each of his statements twice.*

MODÈLE You hear: Je veux que tout le monde soit content.
You jot down: **wants everyone to be happy**

1. ______________________________
2. ______________________________
3. ______________________________
4. ______________________________
5. ______________________________

Les pronoms démonstratifs

17.10 Situation: Confusion. *p. 376*

17.11 Contradictions. *p. 378 A*

17.12 La nostalgie du bon vieux temps. *p. 379 B*

17.13 Au musée. *Andrée and her friends are talking about their trip to the art museum. As you listen to what they say, decide whether or not a demonstrative pronoun is used each time. If you hear a demonstrative pronoun, write in your lab manual both the pronoun you hear and what it refers to; if you don't hear one, write* **non**. *You will hear each item twice.*

MODÈLE You hear: Celui qui pourrait parler intelligemment des impressionnistes, c'est Monsieur Laroche.
You write: ***celui, Monsieur Laroche***

1. ______________________________
2. ______________________________
3. ______________________________
4. ______________________________
5. ______________________________
6. ______________________________
7. ______________________________
8. ______________________________

Intégration et perspectives

17.14 C'est ça, le bonheur? *Listen as Sébastien Leclerc tells a reporter how winning the national lottery has changed his life. Then answer the questions below. You will hear the passage twice.*

1. Les Leclerc n'avaient pas beaucoup d'argent. Pourquoi n'étaient-ils pas malheureux?

____

____

2. Qu'est-ce que Jérôme voulait que son père lui achète? Pourquoi?

____

____

3. Pourquoi les oncles et les cousins des Leclerc leur téléphonent-ils?

____

____

4. Monsieur Leclerc n'est pas content de ses nouveaux amis. Pourquoi?

____

____

5. Pourquoi Monsieur Leclerc n'est-il pas très content des changements que l'argent a apportés dans sa vie?

____

____

17.15 Suggestion. *Chantal is trying to persuade a friend to come see an exhibition of a new painter's work. Write what she says in the pauses provided. You will hear each line twice, then the entire passage will be read a third time so that you can check your work.*

1. ____

____

2. ____

3. ____

____

4. ____

____

5. ____

____

17.16 Et vous? *A friend is asking you about movies. Stop the tape after each question and write an appropriate answer. You will hear each queston twice.*

1. ______________________________
2. ______________________________
3. ______________________________
4. ______________________________
5. ______________________________
6. ______________________________
7. ______________________________
8. ______________________________

CHAPITRE 18

Vivre en France

PARTIE ÉCRITE

Mise en train

A. Défense d'afficher. *Choose five of the following locations and, in the space provided, indicate the signs or slogans that you would post there. You may use signs you know or make up your own.*

MODÈLE -sur la porte de votre chambre

Défense d'entrer sans frapper (*knock*)

-sur les murs de votre salle de classe
-sur les murs de votre chambre
-sur les portes ou sur les murs
-de différents bureaux de votre université
-sur votre voiture
-dans le laboratoire de langues
-dans différents restaurants et cafés situés près du campus
-sur la porte ou dans le bureau de votre professeur de français

1. Location: ______________________

   Inscription: ______________________

2. Location: ______________________

   Inscription: ______________________

3. Location: ______________________

   Inscription: ______________________

4. Location: ______________________

   Inscription: ______________________

5. Location: ______________________

   Inscription: ______________________

B. Réactions. *Some people are discussing their feelings about their responsibilities and obligations. Tell how you react to each of their statements.*

Modèle À mon avis, on doit voter chaque fois qu'il y a une élection.
Je suis d'accord. Si on ne vote pas, on n'a pas le droit de critiquer les décisions du gouvernement.

1. Je dépasse toujours la limite de vitesse, et on ne m'a jamais arrêté.

____

____

____

2. Moi, je ne stationne jamais dans les parkings réservés aux handicapés.

____

____

____

3. J'ai un ami qui ne paie jamais ses contraventions.

____

____

____

4. Si je ne payais pas mes impôts, personne n'en saurait rien, n'est-ce pas?

____

____

____

5. Il faut que nous restions au courant de ce qui se passe dans le monde.

____

____

____

Les pronoms indéfinis

A. Vous êtes interprète. *One of your friends has decided to write to the archivist of the French town where some of her ancestors lived. Help write the letter by giving the French equivalents of the following English sentences.*

1. Several of my ancestors came from your village.

____

2. Others lived in the next village.

____

3. We've already found several of them.

____

4. Some of them came to the United States.

____

5. Each one settled (**s'installer**) in a different area.

____

6. None of my relatives (**parents**) were nobles; all were farmers.

____

7. I have already written to someone else in another village, but he didn't find anything interesting.

____

8. I would be very grateful (**reconnaissante**) if you could find something else about my family.

____

B. Votre arbre généalogique. *Answer the following questions abut your family tree. Use an indefinite pronoun when possible.*

1. Est-ce qu'il y a quelqu'un d'intéressant parmi vos ancêtres?

____

____

2. Est-ce que certains de vos ancêtres étaient français? Si non, de quelle(s) nationalité(s) étaient-ils?

____

____

3. Est-ce que quelqu'un a déjà fait l'arbre généalogique de votre famille?

____

____

4. Est-ce que tous vos ancêtres ont émigré dans la même région des États-Unis?

____

____

5. Est-ce qu'il y a encore des membres de votre famille qui habitent dans votre pays d'origine?

____

____

6. Est-ce que certains de vos ancêtres ont émigré dans un pays autre que les États-Unis?

____

____

Les adverbes

A. Un vol. *Stéphanie's car has been stolen. Using the cues in parentheses, write the answers to the questions Stéphanie's friends ask about the incident.*

MODÈLE Quand est-ce qu'on a volé ta voiture? (*today*)
On l'a volée aujourd'hui.

1. Où l'as-tu laissée? (*over there*)

____

2. Tu es certaine de cela? (*yes, really*)

____

3. Il n'y a pas d'autre possibilité? (*no, absolutely not*)

____

4. Où est-ce que tu l'as cherchée? (*everywhere*)

____

5. Est-ce que tu fermes ta voiture à clé (*key*)? (*yes, always*)

____

6. As-tu expliqué la situation à tes parents? (*no, not yet*)

____

7. As-tu parlé à la police? (*yes, already*)

____

8. Les gendarmes ont-ils écouté tes explications? (*yes, politely*)

____

9. As-tu répondu à toutes leurs questions? (*yes, calmly*)

____

10. Est-ce qu'ils peuvent t'aider à retrouver ta voiture? (*yes, certainly*)

____

B. Interview. *You are interviewing a woman for a job at the campaign headquarters of Jacques Lepoint, a candidate for a local office. Write what you would say in French to convey the following information.*

1. Tell her that you want her to answer your questions honestly.

____

2. Say that M. Lepoint hasn't arrived yet.

____

3. Find out whether or not she learns quickly.

____

4. Ask her whether or not she'll work seriously for M. Lepoint.

____

5. Say that all the employees here work hard.

____

6. Find out whether or not she has already worked for a candidate (***candidat***).

____

7. Say that you travel everywhere with M. Lepoint.

____

8. Find out if you have explained well the qualities necessary for this job.

____

Le futur antérieur

A. Problèmes et solutions. *Jean Marin is the manager of a factory that has been having personnel difficulties. To solve the problem, he has called in an efficiency expert. Following the model, re-create the statements Jean Marin and the experts made.*

MODÈLE Nous étudierons la situation, et ensuite nous vous présenterons notre rapport.
Dès que nous aurons étudié la situation, nous vous présenterons notre rapport.

1. Les experts arriveront à l'usine, et ensuite ils consulteront le personnel.

____

____

2. Vous vous mettrez au travail, et ensuite vous verrez que c'est un problème sérieux.

____

____

5 se marier

6. prendre le temps de se détendre

7. se sentir mieux

8. sortir avec des amis

Intégration et perspectives

A. Les Américains (ou les Français) vus avec un peu d'humour. *Lack of understanding of another culture can often result in embarrassing or humorous situations. Pick an aspect of French or American culture that might be puzzling to a foreign visitor—dating customs, family traditions, school or university activities, rule(s) of etiquette, for example. Present this custom (in paragraph or dialogue form) in an amusing way.*

B. Rétrospective personnelle. *Using the questions below as a guide, evaluate and discuss your reactions to the study of French.*

En quoi est-ce que vos idées concernant les Français et les pays francophones ont-elles changé grâce à votre étude du français? Est-ce que vous voyez maintenant plus ou moins de différences entre les Français et les Américains? Quelles sont, à votre avis, les similarités et les différences? Est-ce que l'étude de la langue et de la culture françaises vous ont aidé(e) à mieux comprendre et apprécier votre propre langue et votre propre culture? Est-ce que vous attachez une plus grande valeur à l'étude d'une langue en général et à l'étude du français en particulier? Si oui, pourquoi? Si non, pourquoi pas? Si c'était à refaire, est-ce que vous suivriez des cours de français? Si vous pouviez recommencer à zéro, quelles sont les erreurs que vous éviteriez (*avoid*) et quelles sont les choses que vous feriez pour mieux profiter de votre étude du français? Quels conseils donneriez-vous à une personne qui commence à étudier le français ou une autre langue étrangère?

PARTIE ORALE

Mise en train

18.1 Discussion. *Some people are talking over dinner. Decide whether or not each person's statement pertains to local politics or activities, and underline **OUI** or **NON** below. You will hear each statement twice.*

MODÈLE You hear: À mon avis, les gens ne sont pas assez au courant de ce qui se passe dans le monde.
You underline: **OUI.**

1. OUI NON
2. OUI NON
3. OUI NON
4. OUI NON
5. OUI NON
6. OUI NON
7. OUI NON
8. OUI NON
9. OUI NON
10. OUI NON

Les pronoms indéfinis

****18.2 Situation: Un cambriolage.*** *p. 392*

****18.3 La passion de la généalogie.*** *p. 393 A*

****18.4 Tout le monde n'est pas dans la même situation.*** *p. 394 B*

18.5 Plainte. *Anne and Paul Beaumont live across from a dilapidated abandoned house, and they're trying to find out who can take care of the problem. Jot down in English what they say. You will hear each item twice.*

MODÈLE You hear: Si quelqu'un ne s'occupe pas de cette maison, nous avons peur qu'il y ait un accident.
You jot down: **if someone doesn't take care of this house, afraid there will be an accident**

1. ______________________________
2. ______________________________
3. ______________________________
4. ______________________________
5. ______________________________
6. ______________________________

Les adverbes

****18.6 Situation: Comment ça finit?*** *p. 395*

****18.7 Un hold-up.*** *p. 396*

18.8 Attitudes. *Jacqueline is telling you some of the things she and her friends think. Decide if each attitude is good (**bonne**) or bad (**mauvaise**), and underline the appripriate word below.*

MODÈLE You hear: Notre patron critique rarement les employés dans notre bureau; ils nous laisse prendre nos propres décisions.
You underline: **bonne**.

1. bonne mauvaise
2. bonne mauvaise
3. bonne mauvaise
4. bonne mauvaise
5. bonne mauvaise
6. bonne mauvaise
7. bonne mauvaise
8. bonne mauvaise

Le futur antérieur

****18.9 Situation: Le service national.*** *p. 397*

****18.10 Il faudra attendre un peu.*** *p. 399 B*

18.11 Conseils. *A doctor is talking to a patient who isn't feeling well. Jot down in English the advice the doctor gives. You will hear each statement twice.*

MODÈLE You hear: Couchez-vous aussitôt que vous serez rentré chez vous.
You jot down: **go to bed as soon as you get home**

1. ______________________________
2. ______________________________
3. ______________________________
4. ______________________________
5. ______________________________

Intégration et perspectives

18.12 Discussion. *A reporter is interviewing a couple who has recently visited the United States. Listen to the interview, and then decide if the statements below are true (**vrai**) or false (**faux**), and underline the appropriate words. You will hear the interview twice.*

1. VRAI FAUX Christiane pense que les Américains ne sont pas assez prudents avec les gens qu'ils ne connaissent pas.
2. VRAI FAUX Albert a trouvé les Américains froids et distants.
3. VRAI FAUX Albert dit que les enfants américains ont trop de travail à faire.
4. VRAI FAUX Albert a vu beaucoup de contrastes entre les gens des différentes régions des États-Unis.
5. VRAI FAUX Christiane et Albert ont plusieurs enfants qui ne les ont pas accompagnés aux États-Unis.

NOM ______________________ DATE ____________ CLASSE ____________

18.13 Problèmes. *Alain is complaining to his family about the bad day he had at work. Write what he says during the pauses provided. You will hear each line twice, then the entire passage will be read a third time so that you can check your work.*

1. ______________________________
2. ______________________________

   ____
3. ______________________________
4. ______________________________
5. ______________________________

   ____

18.14 Et vous? *A friend wants to know how you imagine life will have changed for you and your friends in ten years. Stop the tape after each question and write an appropriate answer. You will hear each question twice.*

1. ______________________________
2. ______________________________
3. ______________________________
4. ______________________________
5. ______________________________
6. ______________________________
7. ______________________________